Comme disait Alphonse Allais

DU MÊME AUTEUR

Toboggans, L'Athanor, 1976 ; rééd., 1993.
Ciné X, Lattès, 1977.
Cadastres, Le Castor Astral, 1978.
La Martingale de d'Alembert, Hemsé, 1981.
Génériques, Belfond, 1983 (prix Max Jacob).
Absence de pedigree, Le Castor Astral, 1984.
Embargo sur tendresse, Le Castor Astral, 1986.
Un certain Blatte, Le Seuil, 1989.
Vivre surprend toujours, Manya, 1991 ; rééd. en « Point Virgule », Le Seuil, 1994.
Dernier Round (avec des dessins de Gérard Guyomard), La Chouette Diurne, 1992.
Bureau des latitudes, Manya, 1993 ; rééd. Le Serpent à plumes, 2005.
Mélodies chroniques, Le Castor Astral, 1994.
L'Ampleur du désastre, Le Cherche Midi, 1995 (prix Guillaume Apollinaire).
Les Désemparés, Le Castor Astral, 1996.
Exercices de stèle (avec des dessins de Jean-Pierre Cagnat), Le Félin, 1996.
Les Crampons de l'ombre (avec des dessins de Marc Giai-Miniet), Aréa, 1997.
Demandez nos calembours, demandez nos exquis mots, Le Cherche Midi, 1997.
Douleurs en fougères (avec des dessins de Cueco), François Janaud, 1997.
Zatopek et ses ombres, Le Castor Astral, 1998.
Football et Littérature (en collaboration avec Benoît Heimermann), Stock, 1998.
Chassez le naturiste il revient au bungalow (avec des dessins de Jean-Pierre Cagnat), Les Belles Lettres, 1999.
Le Bateau livre, Le Castor Astral, 2000.
Papier mâché, Le Rocher, 2001.
Cœur raccord, Le Cherche Midi, 2002.
À bribes abattues..., « Mots & Cie », Mango, 2003.
Lanterne rouge, Le Cherche Midi, 2003.
Ecchymoses et caetera, Le Castor Astral, 2004.
Toujours une femme de retard, Le Cherche Midi, 2005.

PATRICE DELBOURG

Comme disait Alphonse Allais

ÉCRITURE

Son œuvre est un eldorado, une mine d'or dans laquelle il suffit de se baisser pour puiser : il a tout inventé !

Allais est mort voici un siècle, et tout ce qui reste de lui, c'est du papier. Du papier, des idées impayables, des phrases rudement bien balancées, des métaphores aventureuses, le mot au cordeau, du souffle à revendre, de la prose sans reproche qui se transforme en bruit incessant, un murmure bienveillant qui accompagne nos nuits et nos jours. C'est bien ainsi et c'est précisément ce qu'il aurait voulu.

L'abécédaire complice qui suit tient plus d'un Alphi rêvé, mythique, transfiguré que d'une biographie critique, d'une approche thématique exhaustive dont nombre d'éléments appartiennent déjà à notre patrimoine d'humour collectif.

A comme ABSINTHE

Il n'y a pas de repos pour les mythes. Celui de l'absinthe demeure toujours vert. Boisson de la bohème parisienne, boisson prohibée depuis 1915 (le haschisch fut interdit en 1916), tour à tour « Notre-Dame de l'oubli », « Voie lactée », « Herbe aux prouesses », elle reste l'apéritif phare des aventuriers de l'esprit du XIXe siècle. Titrant autour de 68°, arborant l'étiquette de la croix suisse, label de qualité pour décourager les contrefaçons coupées avec des alcools de contrebande, « l'atroce sorcière » magnétise les artistes en quête de voyages hors gabarit.

On lui prête des vertus aphrodisiaques et médicinales, sa légende prétend avec insistance qu'elle rend fou ou génial. Depuis la Bible, on l'assimile au fiel, on l'oppose au miel. Absinthe, synonyme d'Apocalypse. Une ancienne fable chrétienne soutient que l'absinthe a poussé instantanément sur le sillon laissé par le serpent deux feuilletons de *La Vie drôle*, il affiche le regard humide et tendre, un peu lointain, de ceux qui boivent avec application. Avec obstination. Jamais jusqu'au vertige. Toujours au-dessus de l'étiage. Il en plaisante avec ses proches. « J'ai trop beau teint et trop grand ventre. » Bien avant Antoine Blondin, il aurait pu affirmer que l'on peut arriver premier dans un état second.

De rade en estaminet, de troquet en assommoir, de guinguette en gargote, il cabote. À tout pichet, miséricorde... Toujours prêt pour une sélection olympique dans la discipline des bars parallèles. Il ne quitte pas son verre des mains, comme induré dans les paumes, jamais poivrot mais toujours bien chaud, goûtant dans une plénitude magnifique et terrible, « le vrai goût du passage du temps ».

Buvait-il en écrivant ? Écrivait-il en buvant ? Certains de ses camarades de tournée diront qu'il a bu sa mort verre par verre.

Les six extraits de plantes qui composent cet élixir perfide qu'est l'absinthe n'ont aucun secret pour lui. Quand un soiffard incrédule veut connaître la composition de ce coup de grisou, il rétorque sans sourciller : l'anis, l'absinthe à l'état sec, le fenouil vert, la badiane, l'armoise et la menthe. Chacun peut alors librement s'arsouiller en toute connaissance de cause...

Dans cet état funambule, A. A. trouvait son assiette quotidienne, l'exacte carburation entre le cerveau et la plume. Sacha Guitry ajoute encore son grain de poivre : « Pensait-il que l'excès en tout est un défaut – et qu'il est excessif de ne pas boire assez, comme il est excessif de boire trop ? »

Et quand l'abus devenait trop flagrant, quand le malaise dépassait les bords, le célèbre laxatif l'Hunyadi-Janos entrait en scène.

S'il n'a jamais sucé exagérément de pains de glace, Allais s'est fort vite entiché de l'absinthe. Il sacrifie à l'heure du persil comme bon nombre de ses camarades des fêtes de la libation… L'alcool n'est-il pas l'anesthésique qui permet le mieux de supporter l'opération de la vie ? L'eau est la prose des liquides, l'alcool en est la poésie. Dans sa hiérarchie de valeurs, l'humoriste place l'absinthe frappée au niveau d'un bon vieux scotch. C'est dire son indulgence pour les vapeurs de la verte. Même s'il reconnaît secrètement à son entourage que le « lait du Jura » (« Dans le Doubs, absinthe-toi ! ») met les nerfs en pelote, tape sur le système, donne une haleine pestilentielle et ne se révèle pas excellente pour la peau et les cernes.

Les dernières années d'Allais, les plus stériles au demeurant, montrent que sa formule préférée à la cantonade pouvait alors s'énoncer : « Garçon, l'addiction ! » La créature de rêve échappée du flacon de la « déesse émeraude », à la manière du mauvais génie d'Aladin, avait alors une fâcheuse ressemblance avec un macchabée.

La drogue opaline embellit tout, donne plus de poitrine aux serveuses, plus de repartie aux garçons et plus de courage sur le papier. Ce n'est que passager, vain certes. Mais cette embellie vaut son pesant d'or pour un travailleur journalier qui doit livrer sa copie à l'heure.

Et c'est bien ce jeu avec l'autodestruction, ce cache-cache avec la raison qui confère à la Mélusine du zinc son irrésistible appel.

A. A. consommait avec une régularité de cartel suisse toutes sortes de potions, hypocras et autres élixirs. Dès lors, comment trancher si sa vie s'est trouvée allégée par la consommation fonctionnaire de

« purée de pois » ou tristement écourtée ? Notons pour la route qu'il affectionnait aussi le vermouth, le kirsch, le brandy, le kummel, le curaçao, le rhum blanc, la fine, le quinquina, le génépi, la chartreuse verte, le gin, l'angustura, autant que la rincette au fenouil…

Bien rare que ce soit de l'eau de Saint-Galmier. Bien rare, vraiment !

Dans le recueil *Pas de bile !*, publié en 1893, figure ce texte superbement neurasthénique, tranche existentielle émiettée d'une tendresse déchirante, authentique étendard bachique de la comète Allais. Nous ne résistons pas au plaisir de le citer dans son intégrité :

ABSINTHES

Cinq heures…

Sale temps… gris… d'un sale gris mélancolieux en diable.

Il ne tombera donc pas une bonne averse pour faire rentrer tous ces imbéciles qui se promènent avec leur air bête !… Sale temps…

Mauvaise journée aujourd'hui, nom de Dieu… ! La guigne…

Feuilleton refusé… poliment :

— Très bien, votre feuilleton… sujet intéressant… bien écrit, mais pas dans l'esprit du journal.

L'esprit du journal !… Joli, l'esprit du journal !… Journal le plus idiot de Paris et de Seine-et-Oise.

Éditeur distrait et occupé :

— Rendez le manuscrit de monsieur… Très bien votre roman… sujet intéressant… bien écrit, mais vous comprenez… affaires vont pas du tout… Très encombré et puis… pourriez pas faire quelque chose dans le genre de *La Grande Marnière* ? Bonne vente… décoration…

Sorti avec un air aimable et bête :

— Ce sera pour une autre fois...

Sale temps... cinq heures et demie...

Les boulevards !... Prenons les boulevards... peut-être vais-je rencontrer des camarades... Jolis, les camarades !... Tous des muffs... Peut compter sur personne à Paris ?

Sont-ils assez laids, tous ces gens qui passent !

Et mal fagotées, les femmes !... Et l'air idiot, les hommes !

— Garçon... une absinthe sans sucre !

Amusant, ce morceau de sucre qui fond tout doucement sur la petite grille... Histoire de la goutte d'eau qui creuse le granit... seulement sucre moins dur que le granit... Heureusement... voyez-vous : absinthe au granit ?

Absinthe au granit... ah ah ah ah... ah ah ah... Bien rigolo... absinthe au granit... faudrait pas être pressé... ah ah ah...

Presque fondu maintenant, le morceau de sucre... Ce que c'est de nous... Image frappante de l'homme, le morceau de sucre...

Quand seront morts, nous en irons comme ça... atome à atome... molécule à molécule... dissous, délités, rendus au Grand Tout par la gracieuse intervention des végétaux et des vers de terre.

Serons bien plus heureux alors... Victor Hugo et Anatole Beaucanard égaux devant l'Asticot... Heureusement !

Sale temps... Mauvaise journée... Directeur idiot... Éditeur bête à pleurer...

Et puis... peut-être pas tant de talent que ça, au fond.

C'est bon, l'absinthe... pas la première gorgée, mais après.

C'est bon.

Six heures... Tout doucement les boulevards s'animent... À la bonne heure, les femmes maintenant !

Plus jolies que tout à l'heure... et plus élégantes ! L'air moins crétin que les hommes !

Le ciel est toujours gris... un joli gris perle... distingué... fin de ton... Le soleil qui se couche met sur les nuages de jolies roseurs de cuivre pâle... Et c'est très bien...

— Garçon... une absinthe anisée !

C'est amusant l'absinthe au sucre, mais zut... c'est trop long.

Six heures et demie...

En passe-t-il de ces femmes !... Presque toutes jolies... et étranges, donc !

Et mystérieuses !

D'où viennent-elles ?... Où vont-elles ?... Saura-t-on jamais ?...

C'est à peine si elles me regardent... moi qui les aime tant !

Chacune, en passant, me cause tant d'impression qu'il me semble que je ne l'oublierai jamais... Pas plus tôt disparue que je ne peux plus me souvenir du regard qu'elle avait.

Heureusement que celles qui viennent après sont encore mieux.

Je les aimerais tant si elles voulaient... mais elles s'en vont toutes... Est-ce que je les reverrai jamais ?

Sur le trottoir, devant moi, des camelots vendent de tout... journaux... porte-cigares en celluloïd... petits singes en peluche... de toutes couleurs...

Que sont ces hommes ? Des broyés de l'existence, sans doute... des génies méconnus... des réfractaires... Comme leurs yeux sont profonds... Quel feu sombre en leurs prunelles !...

Un livre à faire là-dessus... unique... inoubliable... un livre qu'ils seraient bien forcés d'acheter... tous !

Oh ! toutes ces femmes !…

Pourquoi pas une d'elles n'a l'idée de s'asseoir auprès de moi, de m'embrasser très doucement… de me câliner… de me bercer comme maman quand j'étais petit ?…

— Garçon… une absinthe pure… Ayez donc pas peur d'en mettre…

B comme BRITANNIA (hôtel)

Le Viking d'Honfleur n'en mène pas large. Sa trésorerie est à marée basse, son moral itou. Allais-gretto, l'insouciance de naguère figure désormais dans le rétroviseur, il faut désormais faire flèche de tout bois. Chaque mot importe et se facture.

Sur le guéridon en fonte d'un estaminet de Saint-Lazare, il rédige un antépénultième conte drolatique pour *Le Sourire*, l'histoire complètement loufoque d'une jeune fille sourde et muette qui, dans un compartiment de chemin de fer, remet vertement à sa place un ventriloque trop galant. Jadis Paganini de la variation rembrunie, jamais recalé à l'oral, Alphi pousse maintenant la ligne avec labeur. Ce soir, c'est corvée de lettrine. Pas toujours à se tordre, le pote Allais.

Une étourdissante digression permet de gagner du temps, d'aligner quelques signes alimentaires supplémentaires :

Mon sang ne fit pas cent tours
Mon sang ne fit pas cinquante tours
Mon sang ne fit pas vingt tours
(J'abrège pour ne pas fatiguer le lecteur !)
Mon sang ne fit pas dix tours
Mon sang ne fit pas cinq tours
Non, mesdames, non, messieurs, mon sang
ne fit pas seulement deux tours
Vous le croirez si vous voulez : mon sang
Mon sang ne fit qu'un tour.

L'espiègle désinvolture avec laquelle il ressert à ses chers lecteurs le même argument de fable dans deux gazettes différentes, après n'y avoir apporté que d'insignifiantes retouches, est d'un laisser-aller si attendrissant qu'il faudrait avoir une âme de parpaing, commune chez les huissiers et les fondés de pouvoir, pour ne pas trouver là un charme implacable à ce fil-defériste de la métaphore.

Le vide et le silence se font autour d'Alphi. Salis, Charles Leroy son beau-frère, employé aux Chemins de fer du Nord, l'inoubliable auteur du *Colonel Ramollot*, le Captain Cap, Sarcey, Sapeck sont allés sous les fleurs. La chaussée de l'amitié se dépave.

Le corps fait des siennes. Son beau visage romantique se boursoufle sous la solitude de l'eau-de-vie. De plus en plus de mal à monter les escaliers. Le soir, quand il se déshabille, le ventre lui pousse, les jambes enflent comme des aérostats.

Le 23 octobre 1905, Allais – « celui qui ira » – écrit à sa mère « qu'il est un peu juste » et qu'il souffre de phlébite. Souffle court, doigts gonflés, la vue se brouille comme le fond d'une bouteille. Allais ne se soigne pas, ne s'est jamais soigné, bien qu'il estime la corporation des toubibs et fréquente les accotements de la médecine. Famille Potard oblige.

Qui vit au-delà de 50 ans ? Répondez sincèrement, honnêtement. Les imbéciles, les chenapans, les songe-creux, les nantis, oui, ceux-là vivent au-delà de 50 ans !

A. A. se sent en fin de viager. Au bout du chemin. Il n'est parvenu à rien, pas même à devenir méchant. Il n'a pas réussi à être beau, ni atroce, ni une canaille, ni un héros, pas même un insecte. Il rédige et il souffre, les yeux rougis des larmes sèches qui lui gonflent les paupières. Par moments, il lui semble qu'il se liquéfie comme un vieux camembert de réforme, tant il se sent fatigué.

Tout feu, tout flemme, l'écriture de sa chronique quotidienne devient de plus en plus escarpée. Quand il achève un récit peu satisfaisant ou inconvenant, il le signe froidement du patronyme de son souffre-douleur préféré, M. Francisque Sarcey. Ou Sarcisque Francey ou Sancisque Frarcey. « Un homme qui se parfume n'a aucun avenir. » La sentinelle Allais feint de ne sommeiller que d'un œil. Il affûte quelques reparties assassines sur d'autres boucs émissaires : Jules Lemaître, Brunetière, Pierre Loti « lieutenant de vessie », Mougeot le ministre des PTT, l'économiste Paul Leroy-Beaulieu et le général Poilloüe de Saint-Mars.

Cinq jours plus tard, il se sent mal, très mal, se traîne clopin-clopant au café le plus proche. Il y reste le temps de retrouver son quota d'hygrométrie. Allais les verres !

À la cantonade, il déclare en portant un ultime toast : « Demain je serai mort. Vous trouvez ça drôle, mais moi, je ne ris pas. Demain je serai mort. »

Une phlébite l'alite à nouveau pour le compte. Mais la position horizontale l'insupporte. Son insouciance et sa foi en sa rude santé normande lui font négliger les précautions ordinaires de la convalescence. Le chant des sirènes des terrasses voisines l'appelle. Il veut se lever. Il ne peut pas.

À 9 h 15, ce baladin de l'entre-temps casse sa pipe dans une chambre de l'hôtel Britannia, au 24, rue d'Amsterdam. D'une embolie au cœur alors qu'il voulait aller rejoindre sa femme et sa fille à Bruxelles, le temps d'une embellie.

Avant de décrocher la tombale, ce jour-là, il ne lui restait pour toute fortune que 17 francs. Il a 50 ans, ce qui n'est un âge pour rien, surtout pas pour tourner définitivement le coin de la rue. Mais est-ce jamais le bon moment de mourir ?

Le bruit court dans les salons qu'il l'a fait exprès. Jules Renard, toujours à la pointe du catafalque, trouve alors à son rival, au-delà du trépas, toutes bouffissures de spiritueux rentrées : « Une figure anglaise, fine, noble et sentimentale. »

Brave homme ! Sur le boulevard ossements, il n'y a rien de mieux qu'un posthume sur mesure confectionné par vos amis pour vous réconcilier avec l'éternité.

C comme CALEMBOUR

Le millésime 1900 marque l'apogée du calembour. À la une des journaux, au fronton des revues, sur les calendriers et les réclames, partout il fait florès. *L'Almanach Vermot* est au meilleur de sa forme. La périodicité de cet organe ne trouve guère de concurrence, mais en moins distrayant, qu'avec l'annuaire des abonnés au gaz et le guide des marées.

Depuis l'invention de la semaine des quatre jeudis et bien avant la résurgence des angines diphtériques, le calembour reste un enfant gâté. Enfant de poème autant qu'enfant de la dalle. On le dit rejeton du mauvais goût et de l'oisiveté. Volontiers égoïste, teigneux, despotique, le calembour a mauvaise réputation. On ne prête qu'au prospère.

S'il est traditionnel de réserver la science de l'humour décalé aux Anglo-Saxons, le calembour français, franco-français et même souvent franchouillard, est un art et une arme de défense gaulois. La riposte de l'acculé. Nous disons bien de l'acculé. Un restant de ligne Maginot. La politesse du sans-lendemain.

Le xxe siècle sera calembourgeois ou ne sera pas. Ce n'est pas Malraux qui l'affirme, mais son ophtalmologue. Preuve irréfutable d'une juste vision du monde.

Le calembour est un outil de travail, introspectif ou altruiste. Un petit tamis. Et un grand frère. Il est fait par tous et se met à la portée de tous. On peut s'en servir comme d'une lunette astronomique. Ou d'une lentille microscopique. Le calembour est l'instrument de musique naturel des tendres bourrus, des indécrottables sceptiques, des mauvais esprits, de tous ceux qui ont une propension à s'ennuyer partout et le font savoir. Il est grave, aigu, bleu, vert, indigo, anthracite, rose à pois mauves, translucide tel l'axolotl. Il se démode vite et survit rarement à son temps. Souvent intraduisible, il ne s'exporte guère et vit recroquevillé dans le cocon de ses frontières linguistiques.

Mot voyou, vocable de mauvaise vie, le calembour ne se jette pas à la tête du premier venu, il sait se tenir, électron libre à la fois d'extraction populaire et de maniement aristocratique. Tout son jeu est basé sur l'ambiguïté du tissu sémantique, l'équivocité des images sonores. « Maldonne des phonèmes », voilà ce que l'on pourrait entendre en chair sorbonnarde.

Montre-moi ta langue, je te dirai qui tu es.

Charbonneuse, épaisse, râpeuse, langue de bois, langue de fer, langue de belle-mère, langue au chat, bien pendue, verte, morte, de vipère, de charretier ou de poissarde, la baveuse a parfois besoin d'un bon décapage et d'être tournée sept fois dans son bocal. Le calembour, c'est l'idiome du village.

L'art et la manière de planter une petite graine chez grammaire pour la faire refleurir. La jouvence du logos, de la « vis comica ».

Prenez deux mots du parler courant, frottez-les à la manière du silex du Néandertal, attendez les premières contractions, vous obtiendrez un éclat insoupçonné, parfois rustre, souvent imprévisible, à réveiller le plus somnolent de nos sénateurs du vieux-dire. Le calembour, pour son plus grand bien, détraque puis requinque le glossaire. Une syntaxe sauce ravigote. Un nouveau congrès de sonorités à la sanguine.

Nonchalant, sans illusions, le calembour ressemble à un petit salon d'essayage de la mort. Assimilable à la dernière des tristesses, il peut vite devenir terroriste.

C'est tout à la fois le rire de Méphisto, Gavroche, Panurge ou Arlequin, rire de transgression, de revanche, de jeu et de libération. Comme la civelle, on peut attraper le calembour au creux de la paume, mais impossible de le retenir longtemps, il se dérobe, diabolique, refuse de décliner son pedigree.

Il professe une légitime méfiance à l'endroit du commerce des idées. C'est le premier moyen de défense contre la pensée unique. Une manière de s'extraire de la mêlée. De se mettre aux abonnés absents. Un bon tour joué à la condition humaine en donnant congé aux automatismes aliénants du dur désir de durer de la vie quotidienne.

Le calembour est prisé des ermites et des paresseux. Ce n'est surtout pas une institution.

Parfois l'esprit qu'on veut avoir gâte celui que l'on a.

À trop vouloir développer son goût de l'humour noir, l'ironiste perd son sens de l'humain. Toute saillie bouffonne, défi sublime et dérisoire, sent sa concession. Le calembour est un sport individuel. Qui souvent se pratique en salle couverte et à heure fixe. Tantôt surgelé, hâtivement sorti du micro-ondes, tantôt primeur du marché amoureusement mijoté, le calembour ne survit que rarement aux basses températures d'une lecture cérébrale.

Il peut volontiers apparaître décevant. Comme certaines blattes à tête cruciforme, le miracle est que celui-ci ait toujours survécu. Ce qui le caractérise, à travers les modes et les générations, c'est son pouvoir d'attaque et la force de son refus. Il se pastiche et ne rassure jamais, ni ne se laisse définitivement enfermer dans des boîtes à schémas ou des bocaux catégoriels. Simpliste ou simplet, il peut être rustique, élaboré, à double ou triple niveau de lecture.

Son imperfection, son aspect laborieux peut être gage de qualité.

Les grands maîtres du genre se confondent avec les démiurges de l'humanité. Il est de coutume d'attribuer l'apparition du mot calembour à l'année 1757, date où l'abbé de Kahlenberg, personnage plaisant des contes allemands qui estropiait le français, commença à faire des siennes, à moins que ce ne soit le brasseur d'une bière trappiste homophonique, en fait on ne sait guère.

Le dictionnaire n'indique aucune étymologie fiable et renvoie à bourde, issu de l'ancien français « bihoreau » qui signifie plaisanter. Nous voilà bien avancés. Dans tous les cas de figure, le calembour reste vibrionnant, volatil, imparfait, ce qui n'est pas étonnant si l'on songe à l'époque où il fut créé.

Ouvrez le doux Homère, vous en trouverez des palanquées, Aristophane en fourmille, Plaute – le père spirituel de Molière – en est abreuvé jusqu'à la trame. Cicéron en persillait ses légendaires discours. Dante, Shakespeare ou Rabelais lui offrirent ses lettres de noblesse. Voltaire le voua aux gémonies, Hugo le fustigea en public – la fameuse fiente de l'esprit qui vole – mais en fit ses choux gras dans sa vie domestique.

Balzac s'ébrouait entre le café et l'à-peu-près, Proust ne dédaignait pas quelques saillies de cet acabit lors de stations prolongées dans les salons parisiens.

C'est au marquis de Bièvre, de joviale mémoire, petit-fils de Georges Maréchal, premier chirurgien de Louis XIV, que revient l'honneur d'avoir théorisé le mot. Il fallut patienter plus de trois quarts de siècle avant que l'excellent Jean-Louis-Auguste Commerson publie en 1851 *Les Pensées d'un emballeur*, ouvrage qui est à l'histoire du calembour ce que Chaliapine est à la trajectoire lyrique.

Musset le mit sur un piédestal et le considéra comme un commerce de haut luxe. Le moraliste Joubert en démonta avec délectation les mystérieux rouages. Théodore de Banville le fit rimer plus souvent qu'à son tour. « S'ennuyer, c'est chiquer son temps. » L'humour reste encore le meilleur passeur de mélancolie.

Le noir sied au calembour. Tristan Corbière, frère en dépossession, rendit son dernier soupir sur un à-peu-près. Petrus Borel en usa pour vaquer de l'épique au pitoyable. Puis vinrent Willy, Méphisto pygmalion, Alexandre Breffort et son taxi en maraude, Cami et son outrance montgolfière, Pierre Dac, grand timonier de *L'Os à moelle*, la tornade Blanche, Antoine Blondin, orpailleur du verbe fol, et tant d'autres incontinents du signifiant.

Bientôt le calembour s'empare de la rue, gagne les antichambres où l'on glose sur méridienne, s'introduit par effraction dans l'âtre des chaumières, et seule une méconnaissance crasse et bien tenace du latin nous autorise à affirmer qu'il n'écuma point les sacristies.

Hélas, tout comme il y a en circulation du faux yen et du dollar de contrebande, il y a de l'ersatz de calembour qui voltige de bouche en oreille.

Le calembour, un peu à la façon de moult proverbes, dictons ou préceptes transmis siècle après siècle, par la sagesse populaire, n'a pas, n'a plus, n'a jamais eu même de paternité établie. C'est en quelque sorte la mémoire orale de notre langue, la création collective d'un thesaurus. Revendiquer la paternité d'un calembour revient à affubler de dossards olympiques les rejetons faméliques de l'armée zapatiste. Autant verser des droits d'auteur à la famille Cambronne à chaque fois que l'on profère les cinq lettres à la cantonade.

Dans cet art funambule, somnambule, Allais garde une place de choix. La première.

À travers un mot, une boutade, un à-peu-près, on croit toujours reconnaître la marque de fabrique du Viking d'Honfleur. En toutes circonstances, il garde le bénéfice du doute. La production d'A. A. se situe pourtant nettement au-dessus de la production courante. Il surpasse Commerson, fondateur du *Tintamarre.* Il surplombe Breffort, grand pourvoyeur du *Canard Enchaîné.* Il domine son monde comme un solide chef gaulois. Les années folles ne sont pas particulièrement élégantes, arachnéennes, l'humour y pèse des tonnes, Allais fait figure d'archange séraphique au milieu d'un troupeau de pachydermes. Il joue du piano pendant que tant d'autres les déménagent. Ses joyeusetés font merveille dans la fable-express aux chutes vachardes autant qu'homophoniques.

Infatigable, Allais tricote le mouvement brownien des mots, naturellement, souplement, comme Pénélope à son ouvrage. Question qualité, versant quantité, rhésus diversité, il est sans rival. Le calembour épais n'est pas sa tasse de thé, il préfère une boisson plus tonique. A. A. s'oppose à la joie communicative de l'inlassable raconteur de blagues écossaises, belges, juives ou helvétiques qui monopolise l'auditoire. Il est même son antidote. L'humoriste ne s'inscrit pas dans la durée narrative. Il est le big bang du temps rigolo. Un embrun. Un zéphyr. Une zizanie. Tout le contraire du hâbleur. Allais procède en contre. Il place ses banderilles et s'esquive derrière ses contradictions.

Alphi n'aime rien tant que disparaître.

Lentement se met en place un mode d'exister en négatif. En creux. On peut avancer sans grand risque de se tromper que l'individu qui manie le calembour avec la dextérité du banquiste a toutes les chances de receler de fortes inaptitudes au bonheur terrestre.

Bien qu'il soit parfois arc-bouté au créneau de l'espérance, le calembour, cale-humour, puissant désinfectant, a sacrément à voir avec la déréliction. Il bronze souvent au soleil de l'angoisse.

La trajectoire d'Allais témoigne de cette connivence du rescapé.

S'il utilise volontiers le calembour dans l'exercice de la vie quotidienne, essentiellement pour ne pas trop s'impliquer dans les rapports avec autrui, dans l'écriture des textes son occurrence demeure cependant périphérique. La pirouette et la calembredaine, menées tambour battant, gardent ses préférences.

Le calembour peut être fin de non-recevoir. Une limite au-delà de laquelle la conversation n'est plus valable. Une manière sans réplique de noyer le poisson de tout esprit de sérieux. Un haussement d'épaules. Sa pratique s'apparente à la conduite sur neige, il faut savoir négocier les bons mots au cordeau, de peur de perdre ses meilleurs amis et passer pour un monstre. Gare au dérapage !

« Le calembour, a dit Stendhal dans *La Chartreuse de Parme*, est incompatible avec l'assassinat. » On le croit sans peine. Si Allais n'avait pas été expert dans l'art de manier le verbe comme un bâton de dynamite, n'aurait-il pas été tenté par une place de choix dans la rubrique des faits-divers ? Catégorie forfait.

Le calembour représente la pure écriture du désir.

En se laissant aller à toutes les facéties lexicales, l'humoriste « congédie le refoulé », comme diraient les ratiers de la libido. On sait depuis Freud les rapports adultérins que les mots d'esprit entretiennent avec l'inconscient. En feignant de confondre figures de style et figures de femme, Allais fait l'amour par procuration. Plus voyeur que foutateur.

Le calembour séduit les grands artistes et plaît aux imbéciles. Il a le cœur large.

Le calembour est à tout moment inventé par la plupart, colporté par d'aucuns, démarqué par tous.

Nous avons choisi ci-dessous quelques spécimens, classés par situation pratique. Certains sont sûrement d'Alphonse Allais, d'autres probablement d'Allais, d'autres encore « auraient tout à fait pu être d'Allais ». Ceux qui restent gagneraient à être d'Allais.

Soyez perspicaces !

Chez le menuisier

Un métier bien établi.
Toutes des varlopes !
Salut les copeaux !
Quel rabot-joie !
Une Marie-gouje-toi-là !

Faire le bûche-à-bûche !
Rien n'est moins sciure !
Je ne bricole pas longtemps, j'en ai marre tôt !
Tu gâches le plaisir !

En jouant aux cartes

Trèfle de plaisanterie !
Une belote des pingres !
Vous avez de drôles de manilles.
Pour un whist ou pour un non.
Chelem moi non plus.
Crapette dans la soie.
Mon meilleur rami.
Des lots d'as, encore des lots d'as, toujours des lots d'as…
La belle aux tarots.

En voyageant en Grande-Bretagne

Être reçu England pompe.
Tamise money.
En congé de ma lady.
Prendre le tory par les cornes.
Il n'est de bonne compagnie qui ne se kilt !
Les sanglots saxons.
Mettre la gentry sous clé.
Lâcher la proie pour Londres.
Un petit-beurre, des to you…

Dans la sciure d'un bar

C'est bachique de votre part.
C'est un effet de votre bon thé.

Une histoire de chais et rasade.
Vivre en père pinard.
Évitons la promise cuitée.
La lutte des schlass.
Être pris en flagrant débit.
L'heure est Graves.
Une histoire à faire pleurer Margaux.

Chez le cardiologue

L'ingénieur des pontages et saucés.
Fermez l'aorte, SVP !
Utile à sang pour sang.
La cave se rebiffe.
Le dernier des bustes.
Trouvez-moi le coroner !
Que Dieu myocarde.
Avoir le péage de ses artères.
Ventricule affamé n'a pas d'oreillettes.

Dans un jardin zoologique

Les phoques se trottent.
Le chant du guépard.
Opossum n'est pas français.
Les manuscrits de la marmotte.
Fauve et usage de fauve.
On barrit combien ?
Ils sont félins pour l'autre.
Un billet de l'otarie nationale.
On tape une petite belette.
Laver son lynx sale en famille.

D comme DÉPRESSION

Teint brique, moustache nicotinée, œil humide, humeur cyclothymique, Allais démontre très tôt une tendance exponentielle pour la neurasthénie délétère à sens unique. Un mal-être obsédant, une difficulté d'adaptation aux autres permanente lui plombe le quotidien en majesté. La dépression macère sa chair, blinde son cœur, armure son âme. Au gré des saisons. Selon le taux d'hygrométrie. Surtout en fonction des revenus épisodiques que procure la littérature alimentaire insérée dans du papier à rotation périodique.

« S'il cache son bonheur, il le cache bien ! », s'écriait Courteline.

Certes, les gammes d'humour pratiquées quotidiennement dans le cadre astreignant de ses livraisons journalistiques ont un effet apaisant, sédatif. Ces incroyables galipettes effectuées séance tenante soulagent l'anxiété et dissipent les pics d'angoisse. Tout au moins jusqu'au lendemain. Satisfaction du devoir accompli, relu, posté et bientôt exposé sous les yeux du plus grand nombre.

Mais déjà les valses de stress reviennent. Plus insinuantes. Plus insistantes. Il n'a jamais guéri de son enfance. Paris-lumière lui prend le pouls et s'enquiert de ses humeurs.

« La ville aujourd'hui. Dieu que c'est triste ! Du vent, de la pluie et du froid. Les oiseaux qui s'aventurent à voler étaient emportés comme des pailles. »

Le comique d'Allais est à base d'idéaux. Il flirte volontiers avec l'abstraction, titille l'absolu, se refuse à la plaisanterie ethnique et aux formes primitives d'humiliation d'autrui. Il aime à braver par nonchalance les autorités de tout poil. Les curés, les flics, les friponneries parlementaires, les pantalonnades du suffrage universel, les nantis qui se gobergent, les Anglais et le beau sexe, sans parler de personnages en vue à l'époque, sont les cibles favorites de l'humoriste. Englué dans un mélange ambivalent d'humanisme et de misanthropie, il sait jouer avec la condensation, le déplacement, la substitution, autant de notions chères plus tard à l'oncle Freud.

« Tout le rêve de la démocratie, a écrit Flaubert dans son *Dictionnaire des idées reçues*, est d'élever le prolétariat au niveau de bêtise du bourgeois. »

Le petit garçon entêté est devenu un homme mûr qui confond un jour de noces et un jour de convoi. Plusieurs épisodes dépressifs majeurs émaillent son passage terrestre. L'amour, la création, la solitude, l'argent, la santé, ses soucis n'ont rien d'inédit. Chaque homme peut se retrouver ainsi devant son verre, à moitié plein ou à moitié vide selon le baromètre intime, pleurant comme un veau marin lorsque le jour décline.

Le voilà qui tombe justement. Pourvu qu'il ne se casse rien. Pauvre jour !

Depuis sa petite enfance, Allais reste extrêmement vulnérable psychologiquement. Sous des allures de roc placide, la moindre contrariété l'abat et le plonge dans une morosité abyssale.

Son entourage méconnaît sa souffrance, la minimise ou en plaisante. Il est le premier à faire diversion. Pas le genre à tartiner ses états d'âme alentour, surtout lorsque ceux-ci ont la couleur anthracite.

Ses contes-express témoignent de ses caprices neurasthéniques : langage métaphorique et grandiloquent où les idées volatiles se bousculent, s'entrechoquent, puis asthénie émotionnelle, sentiment de dévalorisation décliné avec fatalisme, thèmes hypocondriaques bien palpables.

« Je meurs, n'en accusez personne. Pas de cancan. Le défunt a ça en horreur ! »

Plus loin, une certaine culpabilité affleure, perceptible. Le thème de la jalousie, de l'érotomanie n'est jamais loin. L'humoriste aimerait tant être maître de l'univers, mais il peine même à sa propre gouverne. Vieillissant, il prend son parti de l'horrible misère des choses, de l'inutilité des efforts, de la vanité des attentes. Il ne fait pas grand cas de son œuvre, ni de sa signature. Totalement dégagé, au-dessus de la mêlée, loin du marigot des petites compromissions littéraires, il n'envoyait pas ses livres aux critiques, d'où l'insigne rareté de ses dédicaces autographes.

L'alcool en sourdine lui sert de thermostat intime. Il s'autodévalue. Ne prête plus guère de valeur à ses écrits, égare ses textes. Les éditeurs les rassembleront pour lui en recueils.

Ah ! la fréquentation d'Allais n'est certes pas de tout repos.

— Comment allez-vous ?

— Je suis au plus bas !

Dans le *Journal* de Jules Renard, on note au 9 janvier 1897 :

« Je ne suis pas content de moi, dit Allais. Je n'aime plus que la rue. Je regarde toutes ces gueules. Je ne reste plus chez moi, et ma femme s'en pique. J'ai trop beau teint et trop gros ventre. Avec tout ça, on ne peut faire que de petites choses. »

« Le Pendu bienveillant », conte paru dans *Le Chat noir* le 16 mai 1885, raconte l'histoire d'un déprimé philanthrope qui veut faire don à ses frères humains, après sa disparition, d'une corde réputée porte-bonheur. Une histoire en forme de miroir pour un auteur souvent du mauvais côté du balcon :

> Aussi loin derrière lui qu'il reportât ses souvenirs, il ne se rappelait pas une seule minute de veine dans sa pauvre vie. La guigne, toujours la guigne ! Et pourtant, chose étrange, jamais de cette série obstinément noire n'était résultée pour lui l'ombre d'une jalousie ou d'une rancune.
>
> Il aimait son prochain, et de tout son cœur le plaignait de la triste existence à laquelle il était voué.
>
> Un beau jour, ou plutôt un fort vilain jour, il en eut assez de cette vie, par trop bête vraiment.
>
> Tranquillement, sans phrases, sans correspondance posthume, sans attitude de mélodrame, il résolut de mourir. Non pas pour se tuer, mais très simplement pour cesser de vivre, parce que vivre sans jouir lui semblait d'une inutilité flagrante.
>
> Les différents genres de mort défilèrent dans son imagination, lugubres et indifférents.
>
> Noyade, coup de pistolet, pendaison...

Il s'arrêta à ce dernier mode de suicide.

Puis, au moment de mourir, il lui vint une immense pitié pour ceux qui allaient continuer à vivre...

Une immense pitié et un vif désir de les soulager.

Alors, il s'enfonça dans la campagne, arriva dans des champs de colza, bordés de hauts peupliers. Du plus haut de ces peupliers, il choisit la plus haute branche. Avec l'agilité du chat sauvage – l'infortune n'avait pas abattu sa vigueur –, il y grimpa, attacha une longue corde, combien longue ! et s'y pendit.

Ses pieds touchaient presque le sol.

Et le lendemain, devant le maire du village, quand on le décrocha, une quantité incroyable de gens purent, selon son désir suprême, se partager l'interminable corde, et ce fut pour eux tous la source infinie de bonheurs durables.

E comme ESTAMINET

C'est rassurant, un bistrot. On s'y sent comme en voyage : à la fois entouré de monde et d'animation, seul aussi puisque personne ne s'occupe de l'autre. Au milieu du brouhaha du service, des chuintements des percolateurs chromés, du trictrac et du billard, l'écrivain éprouve paradoxalement plus de facilité de réflexion. Personne pour l'apostropher, sinon le tutélaire garçon de café dont la silhouette fait partie intégrante du texte qui s'écrit.

De tendres et saugrenus croquis de « pingouins » ne cessent de saupoudrer les contes d'Allais.

Pour l'humoriste, il est inimaginable de travailler à la campagne. Le silence des prairies fait un bruit assourdissant. Les arbres sont autant de sémaphores d'inquiétude. Les ruminants vous dévisagent avec goguenardise. Les terrasses des estaminets aux mazagrans mouillés de cognac offrent l'unique cocon propre à la création. Il lui faut le chahut joyeux des sorties de bureaux, la cohue des bouches de métro, les volées de voyageurs échappés des convois de Saint-Lazare. Tout se passe comme si la névralgie des rues donnait à son cerveau un aliment vitaminé qui conditionnait le flux de son écriture.

L'extrême rubiconderie d'un teint peut vous désigner à la bonhomie d'un chaland.

« Allais, montre-moi le café où tu écris tes articles.

— C'est celui-là. Celui-là aussi, puis celui-ci, celui-là encore, quelquefois enfin celui-ci. »

Il affectionne le Napolitain, le Coucou, le Cardinal, le Weber, le Tortoni, tous ces abreuvoirs protégés de la chaleur par de magnifiques vélums tendus sur des barres de cuivre. Comme tout un chacun, il aime s'y montrer ou s'y cacher, y accomplir sa tâche ou s'y distraire, se perdre au milieu des figures anonymes ou retrouver à heure fixe des amis de musardise.

Allais a besoin de se sentir nomade. Sans attache matrimoniale. Il exècre les gens qui vivent bovinement ensemble. Flemme incurable, vie désordonnée, cervelle en vrac peu encline aux servitudes domestiques, l'humoriste laisse les choses aller à vau-l'eau, surtout celles qui le dérangent. Il aime griffonner à l'hôtel, le Britannia notamment, rue d'Amsterdam, où il s'éteindra, logis de transit aussi emblématique aujourd'hui que le Ritz d'Hemingway, la Louisiane de Cossery, l'Istria d'Aragon, ou l'Hôtel des Grands Hommes, place du Panthéon, où André Breton et Philippe Soupault rédigèrent *Les Champs magnétiques*.

Jacques Prévert portait un toast à la nature qui « a horreur des bouteilles vides ». Boire ou écrire ? Faut-il choisir... « On boit ensemble mais on est saoul tout seul », disait Antoine Blondin dans la sciure du Rubens où le hussard trinquait à quelques pas de l'ombre mythique du boit-sans-soif Verlaine qui lapait de l'absinthe à 70°, sous les lambris du Procope.

Parmi les géants des lettres, beaucoup furent notoirement imprégnés : James Joyce, Ernest Hemingway, Scott Fitzgerald, Malcolm Lowry... Buvaient-ils parce qu'ils avaient du génie ou avaient-ils du génie parce qu'ils buvaient ? S'il suffisait de s'enivrer pour devenir génial, les troquets regorgeraient d'écrivains de haut parage.

N'empêche que dans *Visions de Cody*, Jack Kerouac fit l'apologie des liquides enchanteurs qui lui permirent d'écrire à la manière de Miles Davis jouant de la trompette. L'ivresse lui donnait la liberté de maintenir le débit de son écriture automatique, tandis qu'au fond de lui brimbalait le cadavre de son frère mort à l'âge de 9 ans.

La maladie de la mort devrait être consommée avec modération, ce récit ayant coûté à Marguerite Duras six litres de vin par jour. Dans le domaine du plaisir solitaire, Lucien Bodard remplaça l'opium par l'alcool, à l'instar de Malraux, et Eugène O'Neill se prenait pour une mouette dès qu'il avait un coup dans l'aile.

Il serait fastidieux de dresser l'actuel catalogue des buveurs patentés, mais Bernard Frank avoue associer whisky et vodka, grands vins et gros rouges, champagnes et autres limonades pour se reposer de penser. Houellebecq écrit peu à l'eau claire, Jacques Laurent ne pouvait inaugurer une page sans le rituel du biberon, Bukowski faisait des haltères avec des packs de bière.

La dépendance ne saurait pourtant contenter un esprit libre. On l'a vu avec Guy Debord qui s'est suicidé un jour de sobriété. Trop ivre, le solitaire ne se rendait plus compte qu'il jouait le rôle de l'homme invisible dans la société du spectacle.

L'alcool sert d'encre sympathique à ceux qui redoutent la panne sèche. Illusion de se rapprocher de la vérité. James Ellroy raconte son parcours d'ancien buveur sous le titre *Ma part d'ombre* : « Le propre de l'écrivain est de vivre uniquement de son obsession d'écrire. »

Le gourmet Apollinaire brisa son verre d'armagnac tel « un éclat de rire ». En guise d'adieu à la mappemonde, Anton Tchekhov réclama une coupe de champagne.

Pour clore les querelles des ignobles vignobles (« Cépage est sans pitié »), Francis Blanche avouait « préférer le vin d'ici à l'au-delà ».

L'alcool a souvent le même défaut que le voyage : il faut en revenir.

Dans le Niagara prosaïque et poétique d'Alphonse Allais, le déchet est infime. Certes, certaines allusions peuvent tomber à plat, quelques perfidies sonner creux, question d'époque, diverses chutes semblent être expédiées à la diable, mais la poste n'attend pas. Plusieurs filons cocasses sont exploités à maintes reprises. Broutille. Faribole. L'école buissonnière que procure la lecture d'A. A. est sans égale.

Voici l'exemple d'une fable (« La Vie drôle ») griffonnée sur un guéridon d'estaminet. Elle illustre à merveille la manière « terrasse », vive, espiègle et saugrenue, dont Allais dépêchait ses écrits.

La serveuse est sensass. La pluie tombe sans cesse. L'absinthe est sans eau. Le service en sus.

Les dialogues sont nombreux. Les incises légions. La vie se colore en rosse.

Gardons toujours à l'esprit que le chroniqueur de 1900 est payé à la ligne.

Je viens d'accomplir une plaisanterie complètement idiote, mais dont le souvenir me causera longtemps encore de vives allégresses.

Ce matin, un peu avant midi, je me trouvais à la terrasse de chez Maxim's.

Quelques gentlemen préalablement installés y tenaient des propos dont voici l'approximative teneur :

— Ce vieux Georges !

— Ce cher Alfred !

— Ce sacré Gaston !

— Je t'assure, mon vieux Georges, que je suis bien content de te rencontrer.

— Depuis le temps !...

— Et moi aussi !

Abrégeons ces exclamations.

— Tu déjeunes avec nous, hein ?

— Volontiers ! Où ça ?

— Ici.

— Entendu !

— Et tu dînes avec nous aussi ?

— Oh ! ça, pas mèche !

— Pourquoi donc ?

— Tous les samedis que Dieu fait, c'est-à-dire 5 218 fois dans le cours d'un siècle, je dîne avec Alice.

— Quelle Alice ?

— Ma nouvelle bonne amie.

— Gentille ?

— Très !... Mais un caractère !...

— Amène-la.

— Impossible ! le samedi, elle a sa famille.

— Alors, avise-la d'un empêchement subit.

Le nommé Georges, à qui ses camarades tenaient ces propos tentateurs, sembla hésiter un instant.

Puis brusquement :

— Et allez donc, c'est pas ma mère !

Un petit bleu apporté par le garçon fut aussitôt griffonné : Excuse-moi pour ce soir... forcé partir en province... Affaire urgente... Mon avenir en dépend... Temps semble si long loin de toi !... etc., etc., etc.

Puis l'adresse : Alice de Grincheuse, 7, rue du Roi-de-Prusse.

Par le plus grand des hasards (je ne suis pas de nature indiscrète), mes regards tombèrent sur l'adresse de la dame : Alice de Grincheuse, 7, rue du Roi-de-Prusse.

À cette minute précise, je me transformai en artisan diabolique, comme dit Zola (non sans raison), de l'imbécile facétie suivante :

Je me rends à la Taverne Royale, je demande de quoi écrire et le chasseur :

— Chasseur, portez ce mot immédiatement à cette adresse ; il n'y a pas de réponse.

Après quoi, je reviens sans tarder chez Maxim's, où je m'installe à la table voisine des précités gentlemen.

Pendant que ces derniers dégustent leurs huîtres, lisez mon fallacieux petit billet à la jeune Alice :

Ma chère Alice,

Si tu n'as rien de mieux à faire, amène-toi donc tout de suite déjeuner avec moi et quelques camarades chez Maxim's.

Ne t'étonne pas (sans calembour) de ne pas reconnaître mon écriture ; je viens de me fouler bêtement le pouce et c'est mon ami Gaston qui tient la plume pour moi. Viens comme tu es.

Ton fou de GEORGES.

Oh ! ce ne fut pas long !

La sole frite n'était pas plus tôt sur la table qu'une jeune femme, fort gentille ma foi, envahissait le célèbre restaurant.

— Tu t'es fait mal, mon pauvre Georges ?

Inoubliable, la tête de Georges !

— Alice ! Qu'est-ce que tu fais ici ?

Inoubliable, la tête d'Alice !

— Comment, ce que je fais ici ? Tu es fou, sans doute !

Inoubliables, les deux têtes réunies d'Alice et de Georges !

D'autant plus inoubliables que – j'omis ce détail – Georges et ses amis avaient cru bon de corser leur société au moyen de deux belles filles appartenant – je le gagerais – au demi-monde de notre capitale.

Un qui ne s'embêtait pas, c'était moi, avec mon air de rien.

Plus les pauvres gens s'interrogeaient, plus s'inextriquait la situation.

Est-ce bête ! Je n'ai jamais déjeuné de si bon appétit ! »

F comme FRANÇOIS Caradec

L'indispensable François Caradec aura consacré une grande partie de son passage terrestre à la mise à jour du continent Allais. Tout Allais. Allais au cadratin. Allais au cordeau. Aux éditions de La Table Ronde puis aux éditions Robert Laffont, tour à tour l'œuvre fut émergée. Contes, fables, historiettes extirpés un à un à la poussière des bibliothèques de Haute et Basse-Normandie. Sa magistrale biographie[1] de salubrité nationale, d'une érudition courtoise, élégante, fraternelle et complice, jamais pompeuse, reste un modèle du genre.

Un grand écrivain se surprend aussi dans ses post-scriptum, ses notes de blanchisserie, ses codicilles et ses remords, dans ses petits poulets et ses grands désarrois. Caradec a exhumé et annoté trente ans de

1. Belfond, 1996.

correspondance (1875-1905) dans *Cher Monsieur vous-même !*[1]. Entre tendresse et rosserie, entre fièvre et paresse, même dans un pneumatique, le « petit bleu » distribué par porteur spécial, filtre le tsunami humoristique du Viking d'Honfleur.

Si l'on s'en tient au strict pedigree, François Caradec est né en 1924, ce qui ne veut pas dire grand-chose. Il est entré à l'Oulipo en 1983. Écrivain et auteur de biographies de référence sur Lautréamont, Alfred Jarry, Raymond Roussel, Willy et Jane Avril, le grand amour d'A. A. Il signe avec Jean Nohain une étude sur Joseph Pujol, boulanger marseillais passé à la postérité comme Le Pétomane[2]. Chaque soir avec du vent, et sans micro, ce monsieur en habit gagnait deux fois plus que la grande Sarah Bernhardt dans le répertoire classique. Au temps des années folles, ce spectacle était le plus couru de la capitale ; aujourd'hui il ferait scandale.

Chercheur scrupuleux mais aussi bon vivant aguerri, il recense les comptoirs de « La Compagnie des zincs » où la gouaille du petit peuple parisien est élevée au rang des Beaux-Arts. Polin, Dranem, Mayol ou Fragson, fantaisistes de La Belle Époque n'ont plus de secrets pour lui. Il commet par ailleurs un dictionnaire des farces et attrapes, une vie exemplaire de la femme à barbe, des trésors du pastiche, un catalogue d'autographes rares et curieux, un lexique du français argotique, un guide de Versailles mystérieux, une petite encyclopédie du dessin drôle dans l'Hexagone. Rien de ce qui prête à rire ou sourire ne lui est étranger.

Robuste orpailleur, Caradec a aussi redonné une seconde jeunesse à Maurice Mac-Nab, l'auteur entre

1. Fayard, 1999.

2. *Le Pétomane au Moulin Rouge*, Mazarine/Fayard, 2000.

autres chansons d'humour noir du « Grand Métingue du Métropolitain » et de « La Ballade du pendu ». Avec lui, c'est tout l'extraordinaire creuset créatif du Chat noir qui resurgit à gros bouillons. Domptant son bégaiement et sa timidité névrotique, Mac-Nab débitait ses textes crépusculaires d'une voix rauque et saccadée devant des premiers rangs éberlués. Il s'éteignit une nuit de Noël, à l'hôpital Lariboisière, en griffonnant quatre vers illisibles sur une coquille d'œuf.

François Caradec est encore l'un des grands spécialistes du café-concert, de la littérature enfantine et de la bande dessinée. Comme son grand homme, il cultive les pastiches et mystifications de tout ordre.

Culminant Régent du Collège de Pataphysique (chaire de Celtipelticulture, Colombophilie et d'alcoolisme éthique), il a suivi de près la création de l'Ouvroir de bande dessinée potentielle (Oubapo).

Il a aussi publié dix-sept histoires pour sa petite-fille Camille, illustrées par Jean-Pierre Cagnat.

Il met la dernière main à un ouvrage sur les gestes et mimiques du bipède humain, des Côtes d'Armor à la Nouvelle-Guinée, du royaume inuit au cap de Bonne-Espérance.

Vous l'avez compris, François Caradec se repose d'écrire en écrivant.

G comme GAG

À un inconnu désirant emprunter la Bible :
— Nous en avons bien une, mais elle est grosse.
— Ah ! elle est grosse... Eh bien, j'attendrai !

Infatigable tueur à gags, le démiurge Allais a sur sa conscience autant de victimes de fiction que Jack l'Éventreur, Landru et Petiot réunis. Après avoir disloqué moult pantins officiels, dégonflé force baudruches dotées de cette « bêtise à front de taureau » que stigmatisait Baudelaire, il multiplie sur le papier les patronymes abracadabrants de ses personnages pour se donner de la viande à moudre. La psychologie n'étant pas son fort, il campe une silhouette en deux coups de cuiller à pot, et surtout, se régale de patronymes saugrenus, occasions inespérées de facéties homophoniques et de calembours savonneux.

Il y a beaucoup de monde dans les contes d'Alphonse Allais.

Ah ! ne m'en parlez pas !... un monde fou !

Dans un déluge de noms propres, distinguons Lady Namitt, Alcide Toutaupoil, Nestor Letrimardier, Octave Vendebout, Guy de la Hulotte, Marquis de Palsembleuse, Nepomucène Lebriquetier, Adrien de Guerlache, l'abbé Trave, baron de Ponfalot, Guy d'Agoch, Père Lenickeur, Évariste Galopabas, miss Kara Bynn, le faux mage de Livarot, l'abbé Tumaine, Symphorien Haransaur, Joë Moonfellow, Jean Passe et Desmeilleurs, Becquenfleur, Laurent Bar, Miss Sarah Vigott, Hieratica Pittoresco, Madame Sapajour, et encore Louis Sèze, M. Lemuffle, Gontran de Maldantrailles, l'Écossais Mac Abbey, Lebouffeur d'Eytoupe, comtesse d'Ancinksek, Marius Forcépas, Périclès Kamalociboulo, Ovide Parju, Ousquémont-Hyatt à Gand, baron d'Abraca d'Abran, Grolleau de la Lotterie, ainsi qu'une palanquée de bipèdes à l'état civil plus ou moins estropié.

Allais souffre-t-il d'appartenir à la marginalité des auteurs « humoristiques », « populaires », réputés grand public, situation quelque peu dévalorisante qui l'exclut du répertoire des « classiques », c'est-à-dire des écrivains qu'on lit et commente en classe, que l'école fait connaître et que l'on encense lors de commémorations tapageuses au fronton des grands monuments ?

Il n'en dit rien. Écrit sans jamais se retourner. Il sait ce qu'il vaut, ses contemporains lui tendent un miroir favorable, il n'est pas méconnu, pas réprouvé, mais n'attache guère d'attention à ses manuscrits.

Alphi était un grand consommateur de signes de ponctuation. En ouvrant et en fermant des parenthèses à tout bout de champ, il créait des courants d'air dont il s'excusait ensuite auprès de ses lecteurs et de ses lectrices. Pas question d'enrhumer son « fan-club » qui attendait avec des prurits d'impatience sa livraison hebdomadaire. Une ligne de pointillés judicieusement placée lui permettait de jeter un voile pudique sur une scène un peu trop leste ou sur une conclusion par trop sanglante. L'écrivain connaît son code typographique sur le bout des doigts, il s'en sert comme de didascalies.

Dans le cadastre de ses marottes, l'irruption de l'impeccable syllogisme recrute ses faveurs. Ainsi : « Savez-vous la proportion de l'eau dans le corps humain ?... Eh bien ! environ quatre-vingts pour cent, les quatre cinquième... Ainsi, le général Boulanger dont vous faisiez votre dieu pesait quatre-vingt-deux kilogrammes ; il représentait donc environ soixante-cinq kilogrammes d'eau. Donc pour quatre-vingt-deux cris de « Vive Boulanger » poussés, vous devez en compter soixante-cinq qui s'adressaient à de l'eau pure. Voilà bien les grandeurs humaines, les voilà bien ! »

Généraliste des manipulations littéraires, Allais caresse aussi le contrepet, que l'on ne peut pourtant considérer comme sa discipline de prédilection. « Courbe-toi fier Sicambre » devient, à l'attention de sa tête de Turc favorite, le très fat critique littéraire du *Temps* Francisque Sarcey à l'embonpoint de sénateur : « Cambre-toi vieux si courbe ! »

Le Captain Cap, qui fut sa création préférée, ne désigne en rien une créature imaginaire. Il s'appelait en réalité Albert Caperon, mais c'est sous ses apparences de Captain Cap qu'il connut un moment de célébrité lorsqu'en août 1893, les humoristes qui constituaient la clientèle de l'auberge du Clou, avenue Trudaine, décidèrent de faire de lui leur candidat aux élections législatives. En ce temps-là, peu de citoyens partaient en vacances et les autorités pouvaient se permettre d'organiser des élections générales au beau milieu de l'été. Le comité qui se chargea de soutenir la candidature du Captain Cap dans la deuxième circonscription du IXe arrondissement regroupait Alphonse Allais, Courteline, les poètes Émile Goudeau et Raoul Ponchon, le chansonnier Jules Jouy, un ancien garçon boucher et un certain nombre de quidams fuligineux, mais dont la physionomie était familière aux grossistes du quartier Saint-Georges.

Le Captain Cap ne se recommandait d'aucun parti politique. Son programme, qui tenait au dos d'une dizaine de ronds de bière, réclamait notamment la transformation en port de mer du bassin de la place Pigalle, la suppression de la bureaucratie, de l'École des Beaux-Arts et de l'impôt sur bicyclette. Il fut fort applaudi à la soupe populaire, sous les ponts de Paris et les préaux des écoles. Il n'obtint cependant que 176 voix au scrutin du 20 août. Tout porte à croire qu'il n'en espérait pas davantage et qu'il se consola promptement de son fiasco dans les estaminets interlopes où Allais prétendait avoir dégusté, en sa compagnie, toutes sortes de breuvages composites.

Et tout particulièrement les mirifiques cocktails mentionnés ci-après : le thunder, le gin cling, le ale flip, le cosmopolitan claret punch et le whisky stone fence. Frappez, passez, buvez. Pas plus haut que le bord ! On avale d'un seul coup.

Cap buvait-il autant que l'insinue son hagiographe ficelle ? Sans doute plus.

N'empêche qu'il pouvait endosser à chaque instant le docte langage de l'homme de science. Ainsi, lorsqu'il décrit une opération aussi délicate que la remise à neuf des vieux confettis : « On soumet les confettis à une opération préalable qui s'appelle le triage, et qui consiste à séparer les confettis secs des confettis mouillés. Les premiers passent au ventilateur qui les débarrasse de la poussière ambiante : c'est le dépoussiérage... Restent les confettis mouillés. On les mène, au moyen de larges trémies épicycloïdales, dans de vastes étuves où ils se dessèchent... »

Un mot rare ici ou là élégamment persillé, une construction lexicale affectée, montrent que le Captain Cap, de même que son camarade de bordée, possèdent des racines qui plongent tout droit dans le terreau du symbolisme.

Sacré Cap, va ! Quel type !

H comme HONFLEUR

« Hiour môdeu iz il, aille tinnk ? » (Votre mère est malade, je pense ?) « Houair âr Robeut ann Pol ? Dé âr inn de gâdenne. » (Où sont Robert et Paul ? Ils sont dans le jardin.) L'auteur de la méthode la plus rapide du monde pour apprendre à parler anglais avec un pur accent tout en restant chez soi dans ses pantoufles, M. Démarais, chimiste de 1re classe, directeur du journal *Les Écrasés de la nation*, était décidément un bien curieux paroissien. Mais les Honfleurais ont depuis belle lurette l'habitude des têtes folles et autres hurluberlus.

Friand de décorations, Paul Démarais revêtait sans se faire prier le grand cordon de l'ordre du Mérite humain, combattait l'oisiveté volontaire et faisait acte de candidature à la présidence de la République au côté de Ferdinand Lop, autre fantaisiste notoire. L'illustre Popaul, défenseur des ouvriers et des petits commerçants, poujadiste avant la lettre, haranguait la foule honfleuraise de son balcon, place Hamelin. On raconte qu'il attirait le chaland autochtone en distribuant des sucreries aux enfants, des sandwiches aux nécessiteux et des billets de 5 F aux électeurs potentiels.

Un ancêtre de Papy Dassault.

Dans les années 1930 et 40, la popularité du pharmacien était immense autour du Vieux Bassin. Comme nombre de politiciens actuels, il avait une idée sur toute chose et en toute circonstance. Pour la suppression du chômage, il prônait la diminution du nombre d'heures de travail pour occuper plus de monde et faire fondre d'autant le chiffre des actifs. Un pionnier de la semaine de 35 heures. Quant à la natalité galopante, ce brave homme n'était pas si éloigné des modestes propositions de Jonathan Swift : les enfants ne sont jamais meilleurs que mitonnés à la marinière…

Paul Démarais était une boîte à idées ambulante : non seulement il connaissait la parade contre les comédons et les couperoses, mais il n'avait pas son pareil pour éclaircir la voix des ténors, pour empêcher les cheveux de blanchir et pour écouter pousser ses ongles. Sa théorie sur la formation de la rosée matinale faisait autorité. Bref, le sieur Démarais passait pour un homme providentiel. C'est tout juste si on ne lui imputait point la richesse picturale et littéraire d'Honfleur.

Il est vrai que toute la vie artistique du Vieux Bassin se refléta dans les bocaux multicolores de bonbons pour la toux. Chaque rimailleur, chaque aquarelliste du dimanche passa au moins une fois tirer le cordon nocturne de la pharmacie du Passocéan, sise au 6, place Hamelin. Les habitués de la Croix Verte sont légions. Qui pour un herpès fessier, qui pour un début de phlébite, qui pour des migraines en fougère persistantes.

Pharmacien en Normandie, une vocation, presque un sacerdoce, comment ne pas penser à cet autre potard illustre immortalisé par Flaubert et dont le nom rime avec Allais, justement ?

Les jeux de lumière de l'estuaire, le fantasque firmament normand, fixèrent nombre de peintres célèbres aux colombages d'Honfleur, comme des phalènes sur les pare-brise des premières limousines. Corot et Isabey furent les premiers à y séjourner. C'était le début de la peinture « de plein air », ce furent aussi les prémices du tourisme. Puis défilèrent, leurs inséparables albums de croquis sous le bras, Daubigny, Bazille, Sisley, Whistler, Félix Vallotton, Marquet et tant d'autres. Ils parcouraient la Seine, toute en entourloupes, jusqu'à la mer – Honfleur était au bout, c'était le meilleur gîte, la meilleure table.

Le séraphique Eugène Boudin initia Monet au chevalet et créa au mitan du XIXe siècle le berceau du mouvement impressionniste chez la mère Toutain, aujourd'hui Ferme Saint-Siméon. Lui seul savait peindre les cieux rapides du littoral, ces « merveilleux nuages » que sut plus tard capter le regard désenchanté de Françoise Sagan, une habituée de la Côte de Grâce.

En son temps, Charles Baudelaire, grand admirateur de la facture de Boudin, fut le meilleur prosélyte de la cité : « Mon installation à Honfleur a toujours été le plus cher de mes rêves », clamait-il aux terrasses fleuries. Il séjourna dans le pavillon de sa génitrice, la générale Aupick, au-dessus de la rue de l'Homme-de-Bois. Souvent, il passait à la pharmacie quémander un chouïa d'opium. L'apothicaire restait inflexible. Plus tard, les poètes Henri de Régnier et Lucie Delarue-Mardrus louèrent à leur tour le charme unique de ce doux talisman niché dans un écrin de verdure, qui hésita et hésite encore entre le bocage et la mer.

Honfleur : son vieux bassin, ses colombages, son microclimat. « En été, il y fait rudement chaud pour une si petite ville. » L'échoppe de la pharmacie du Passocéan était ouverte jour et nuit. Sur la vitrine, ce carton : « Malgré qu'elle soit fermée à deux heures, il faut sonner sans crainte de déranger, si le cas présente un caractère de quelque urgence. »

À ses patients qui voulaient se rendre en Angleterre, M. Démarais proposait le Passocéan, un remède radical contre le mal de mer. M. Démarais avait réponse à tout.

Au siècle précédent, enfin celui de la vapeur, la famille Allais fut la reine de l'herboristerie. Dans cette même officine, elle avait succédé à M. Lemercier, lui-même héritier de M. Hamelin, fondateur de la pharmacie. La maison avait excellente réputation, le négoce s'avérait prospère, les ordonnances amoureusement concoctées. Au fond à droite, au pied de l'escalier qui menait aux étages, une haute glace permettait au pharmacien, lorsqu'il descendait de ses appartements pour recevoir la clientèle, de vérifier la correction de sa tenue.

Alphonse Allais est né là, le 20 octobre 1854, en même temps que Rimbaud et que l'éclairage au gaz. Il faillit bien suivre la carrière paternelle. Il y commença même distraitement une formation de préparateur avant de « monter » à Paris où, par bonheur pour la famille des humoristes, il préféra narrer les mésaventures de l'abbé Chamel ou de l'ingénieur Élie Coïdal plutôt que de malaxer les onguents selon les rites ancestraux, pour devenir bientôt la plus grande force de frappe à comique hexagonale de la fin du XIXe siècle.

Pendant ses tendres années, c'est un long rêveur blond filasse, un éphèbe aux yeux bleus souvent pleins d'une extase effarée. S'il n'avait écouté que ses sentiments, c'était dans l'azur infini qu'il aurait passé le plus clair de son temps, mais une famille inexorable – la sienne, précisément – avait exigé qu'il vécût dans un milieu moins vague, et il était écrit qu'il devait devenir pharmacien…

« La vérité, c'est que je considère la vie comme beaucoup trop provisoire pour être jamais prise au sérieux, et pas assez facétieuse pour inspirer de vives allégresses. Alors, quoi ! »

Au pied du robuste clocher Sainte-Catherine en bardeaux de châtaignier, Alphi n'eut jamais cure du grand large et de ses steamers à roues, il préférait de beaucoup les étangs d'absinthe. Et les lagons d'eau-de-vie. Ses décoctions préférées se nommaient « à-peu-près », « vers olorime » et « sentence détergente ». « La mer aussi a l'fond salé… »

Naquirent donc aussi à Honfleur Lucie Delarue-Mardrus, dont le mari traduisit le premier *Les Mille et Une Nuits*, et Henri de Régnier, dont la femme fut, entre autres, célèbre pour sa liaison avec Pierre Louÿs.

La pharmacie du Passocéan est riveraine de la Lieutenance, ancienne porte de Caen, cible préférée de tous les rapins de Haute et Basse-Normandie, et du Vieux Bassin avec ses pignons écaillés et ses porches à pans de bois d'où sont partis caravelles, frégates, goélettes, terre-neuvas, grands capitaines, corsaires et pêcheurs, tous ceux qui surent exprimer leur passion pour le pedigree des embarcations de plein vent. C'est d'ici que Samuel Champlain s'embarqua en 1608 pour fonder le Québec. C'est là qu'en 1832, face aux greniers à sel, Frédéric Sauvage fit ses premiers essais de bateau à hélice. On rapporte aussi, selon messire François Rabelais, que c'est dans le Vieux Bassin « d'Honnefleur » que Pantagruel fit trempette avant de mettre le cap vers le royaume d'Utopie. Autant de doux dingues sur leurs engins bizarres.

Les marins d'Honfleur, c'est bien connu, ne se soignent jamais. Ou alors quand ils ont déjà un pied dans le gouffre. Quand la vase est reposée, ils ne rendent visite à l'officine des « professionnels de la santé » que pour faire vérifier la trousse médicale légale de leur bateau. Ils se nomment Gigot d'bœuf, le Sioux, le Sueur, Sans bite, Ti tonneau, etc. Ils sont spécialisés dans la crevette grise ou les coquilles Saint-Jacques, ils luttent pour que leur port d'attache ne devienne jamais un gros bourg touristique aux volets clos. Reste l'hypocondrie des Parisiens sur le retour, des « cheveux bleus », vieux fond de commerce de tous les bobologues de la planète, et de ceux d'Honfleur tout particulièrement.

Aujourd'hui, Daniel et Pierre Barré, père et fiston, perpétuent la loufoquerie de cette longue saga de pharmaciens. En vitrine de leur pimpante échoppe, chaque 1er avril, entre élixirs, suspensoirs, sirops, sinapismes, liniments, ils proposent à leurs chers valétudinaires des préservatifs en dentelle, un crâne d'Alphonse Allais à 16 ans, un sirop purgatif du Captain Cap, des tasses pour gauchers atteints de la maladie de Parkinson, des boîtes de 20 doses d'eau bénite de Lourdes. Toute la magie de la peau de ce vieux monde tient dans un mouchoir de poche, baignée par les fragrances de camphre et les reflets irisés des vieux gréements.

Ici, la vie est ineffablement bonne et douce. Tout y concourt. L'huître, la poésie, le goéland et la pomme. Dans les cailloutis, la limite du flot se ponctue par le liseré noir du varech. Les chalutiers dorment de guingois.

Au large de la grève, une flotille de périssoires joue les funambules. Les derniers pêcheurs s'habillent en messieurs de la ville, avec longues redingotes et chapeaux ronds.

Les citadins, eux, s'affublent en forbans emmaillotés de goémon. Tout cela se coudoie avec le minimum de tolérance. On vocalise, on gazouille, on solfie, c'est merveille, le soir à la fraîche, d'entendre les trilles des cantatrices débutantes faire la nique aux rossignols et se répondre de pergola en charmille.

À l'ombre des jeunes filles d'Honfleur, dans les ourlets de la Manche, quand les mouettes crient comme des cabestans, les pèlerins du non-sens ne cessent d'affluer.

Connaissez-vous leur dernière élucubration ? Pour ne pas être en retard sur les vaticinateurs phocéens et leur légendaire sardine qui boucha le Vieux Port, ils colportent à l'envi qu'une sirène à la voix de rogomme, particulièrement gironde (bien que ce ne soit pas son département d'origine), a pris pension à l'entrée du Vieux Bassin et fait commerce nuitamment de ses charmes dodus avec les plaisanciers qui n'ont pas eu le temps de lire Homère.

Allaisluia !

I comme ICONOCLASTE

Anarchiste Alphi ? Libertaire serait plus légitime. Il s'agit avant tout d'une position morale, et l'humoriste n'a jamais eu pour habitude d'emmitoufler sa conscience.

Très tôt, des amitiés sulfureuses se nouent au Chat noir. Il côtoie Jules Vallès, Fénéon, Darien. Aux côtés de Mirbeau, Zola, Jarry, de Gourmont, il signe une pétition protestant énergiquement contre la condamnation de Laurent Tailhade après un geste terroriste. L'antiparlementarisme est de mise. Socialiste, Allais l'est certainement, mais surtout individualiste ombrageux. Ni les vapeurs de l'absinthe, ni les compulsions d'une humeur souvent crépusculaire, ne l'ont jamais poussé à « l'acting-out ».

Sous sa plume, le canular devient un bel art de la guérilla urbaine, et la fumisterie un attentat pour gourmets. Nul n'est épargné. Les quolibets ratissent large. Ses farces et attrapes sont ses pains de plastic. Mais en sa compagnie, nous ne sommes exposés qu'à sauter de joie.

Son rire déconcertant est irrécupérable. Le fumiste échappe aux autorités, au public, à lui-même, à Dieu. Pour subvertir les signes et les valeurs d'une société en crise, il radicalise l'entreprise de brouillage systématique du clown shakespearien. À son tour, fou volontaire, le nouveau bouffon paie de sa personne pour déposer son grain de sel dans les rouages du réel.

Une phrase énigmatique d'Erik Satie, un coq-à-l'âne d'Alphonse Allais, un monologue de Cros, un raisonnement de Jarry, font peut-être plus qu'un brûlot anarchiste ou libertaire pour l'effondrement des valeurs traditionnelles de Monsieur Prudhomme, des certitudes positivistes de M. Homais ou de tout spécialiste de la dissection capillaire, voire de la sodomisation des mouches.

La révolution, pour Allais, ne peut être qu'une « révolution rieuse ».

Le thème du vol, par exemple, était à la mode chez les écrivains fantaisistes qui exploitaient l'aspect comique du racket généralisé. Ainsi Tristan Bernard, dans une nouvelle intitulée « Le Panier à salade », parle – uniquement par allusions – d'une famille de malfrats dont le fils, discret déménageur, « poussait cette discrétion, quand il déménageait une maison de campagne, jusqu'à éviter de prévenir le propriétaire ». Alphonse Allais se saisit du thème pour écrire des variations loufoques sur le rançonnement considéré comme un art majeur.

Dans « Conte de Noël », par exemple, nouvelle dédiée à « Georges Darien, auteur de cet admirable *Voleur* qu'on devrait voir dans toutes les mains vraiment dignes de ce nom », l'auteur fait parler un cambrioleur qui profite de la nuit de Noël pour s'introduire dans les maisons. Un homme croit le découvrir et appelle la police : on arrête le Père Noël… Dans « Le Phénix cellulaire », Allais transcrit la lettre d'un certain Maître Casimir, et déduit de l'existence d'une « compagnie d'assurances sur le larcin » que « l'exercice du vol est définitivement entré dans nos mœurs et constitue même un genre de sport des plus courants ».

Alors que la société se montre soucieuse des intérêts du volé, il est temps de se préoccuper de ceux du voleur ! Par un raisonnement extrêmement logique, l'auteur de la lettre montre ce que la société risque en cas de « grève des voleurs » (les voleurs incluant les pickpockets, les escarpes et les panamistes).

« D'abord la propriété c'est le vol. Donc, plus de vol, plus de propriété et par suite plus de propriétaires ! » Proudhon est exaucé.

Une pensée au passage pour cet autre grand Alphonse du XIXe siècle, Alphonse Karr, l'aîné de A. A. de près de cinquante ans, autre prince consort de l'esprit qu'on glisse, l'homme le plus spirituellement mal élevé de l'Occident chrétien, précurseur du commerce des fleurs coupées, auteur oublié des « Guêpes ».

Clôturons cette incise. La silhouette tremblante de l'homme bourrelé de remords, ce n'est pas l'affaire d'A. A. Pas du genre contrit, Alphi. Il connaît son lignage. Swift outre-Manche, Lichtenberg de l'autre côté du Rhin, Jarry, Forneret dans nos contrées. Pierce et Twain outre-Atlantique. Par anticipation Guareschi en Italie. Sans parler de la branche yankee de sa postérité : Marx Groucho, Fields W. C. ou Allen Woody. Mais c'est une autre histoire. Revenons à notre Belle Époque.

Allais est le témoin privilégié du premier Tour de France, de la mort du président Carnot, des visites du

Tsar. Il ferraille, il semonce, pas le temps de ramasser les victimes sur les bas-côtés. Opinions reçues, idées établies, Alphi pourfend les images saintes avec délectation. Il lutte sans relâche contre la bassesse de certaines aspirations républicaines, la bouffonnerie parlementaire, le scandale de Panama. L'époque à laquelle il vivait était stupide. L'âge nouveau, apporté par la guerre franco-prussienne, serait encore plus balourd. Il y a mille raisons de ne pas croire au progrès.

L'affaire Dreyfus, « il n'est ni pour ni contre ». Dégagé plutôt qu'engagé dans un premier temps, puis prenant position en faveur de la Ligue des droits de l'homme aux côtés de Tristan Bernard, Vielé Griffin, Mallarmé, Anatole France, Mirbeau ou Paul Fort. Face à eux, dans le camp des antidreyfusards, on rencontre Bourget, Loti, Barrès, Coppée, Huysmans, Hérédia ou Louÿs.

L'antisémitisme, à la fin du XIXe siècle, n'est pas une doctrine marginale, mais une composante diffuse et omniprésente du discours social. Le pamphlet que publie Drumont en 1886, *La France juive*, marque les plus extrêmes des catholiques conservateurs. Sa vision manichéenne opposant l'aryen intelligent, créateur et chevaleresque, au juif fourbe, matérialiste et corrupteur, trouve des résonances dans les peurs mercantiles de l'époque.

Antisémite Allais ? Jamais. Pas un instant. On ne peut pas en dire autant de nombre de ses amis. Anticlérical ? Toujours. C'est un de ses fonds de commerce en basse continue comme le persiflage sur l'armée. Il défie les graves historiens, les poètes abscons, les philosophes nébuleux, les romanciers alambiqués autant que les économistes impénétrables.

Ah ! comme il aurait aimé réduire cette fausse belle époque gangrenée par l'ordre bourgeois en subite descente de lit !

Gardons cependant à l'esprit que la première ambition de l'humoriste est de divertir. C'est là sa vocation, souvent son prescrit, chaque jour son gagne-pain. En France, à cette période, mais cela reste d'actualité, on ne refuse point le succès à ceux qui amusent, mais on n'a de solide estime que pour ceux qui ennuient.

Loin des joutes de conviction et des arguties idéologiques, A. A. aime par-dessus tout donner des leçons de savoir-faire aux terrasses de ses chers cafés. Qui se transforment sur la distance en assauts de gracieuse muflerie. Leçons d'incongruité cavalière dont se souviendront plus tard Pierre Dac et Fernand Raynaud dans leurs meilleurs sketches.

Ainsi cet échange avec un barman ignare, bien européen et trop ahuri, issu du recueil *Le Captain Cap, ses aventures, ses idées, ses breuvages* :

> Bien que l'heure ne fût pas, à vrai dire, encore très avancée, une soif énorme étreignait les gorges du Captain Cap et de moi (triste conséquence, sans doute, des débauches de la veille).
>
> D'un commun accord, nous eûmes vite défourché notre tandem, cependant que notre regard explorait l'horizon.
>
> Précisément, un grand café d'aspect très chic se présenta.
>
> Malgré l'apparence fâcheusement européenne de l'endroit, tout de même nous consentîmes à boire là.
>
> — Envoyez-moi le stewart ! commanda Cap.
>
> — À votre disposition, monsieur ! s'inclina le gérant.
>
> — Donnez-nous deux grands verres.
>
> — Voilà, monsieur.
>
> — Je vous dis deux grands verres, et non point deux dés à coudre. Donnez-nous deux grands verres.

— Voilà, monsieur.

— Enfin !... Du sucre, maintenant.

— Voilà, monsieur.

— Non, pas ces burlesques morceaux de sucre... Du sucre en grain.

— Voilà, monsieur.

— Pas, non plus, de ce sucre de La Havane, qui empoisonne le tabac.

— Mais, monsieur...

— J'exige du sucre en grain des Barbades, c'est le seul qui convienne au breuvage que je vais accomplir.

— Nous n'en avons pas d'autre que celui-là.

— Triste ! Profondément triste ! Enfin...

Et Cap jeta au fond de nos verres quelques cuillerées de sucre qu'il arrosa d'un peu d'eau.

— Et maintenant, deux citrons !

— Voilà, monsieur.

Cap jeta un regard de profond mépris sur les citrons apportés.

— C'est cela que vous appelez des citrons ?

— Mais, monsieur...

— Apportez-moi deux autres citrons.

— Voilà, monsieur.

Ici, Cap entra dans une réelle fureur :

— Je vous demande deux autres citrons !... Entendez-vous ? Deux autres citrons ! deux autres ! Non point *two more*, mais bien *two others* ! Des citrons autres que ceux que vous avez eu le toupet de m'offrir. Vous me f... là des limons de Sicile ! Alors que je rêve uniquement de citrons provenant de l'île de Rhodes... Avez-vous des citrons provenant de l'île de Rhodes ?

— Pas pour le moment.

— Ah ! c'est gai ! enfin...

Et Cap exprima dans nos verres le jus des limons de Sicile.

— Du gin, maintenant ! Quel gin avez-vous ?

— Du Anchor Gin et du Old Tom Gin.

— Du vrai Anchor ?

— Du vrai.

— Du vrai Old Tom ?

— Du vrai.

— Et du Young Charley Gin ? Est-ce que vous en avez ?

— Je ne connais pas.

— Alors vous ne connaissez rien. Enfin...

Et Cap, à chacun, nous versa une copieuse (ah ! que copieuse !) rasade de Old Tom Gin.

— Remuons ! ajouta-t-il.

À l'aide d'une longue cuiller, nous agitâmes ce début de mélange.

— De la glace, maintenant !

— Voilà, monsieur.

— De la glace, ça ?

— Mais parfaitement, monsieur !

— D'où vient cette glace ?

— De l'usine d'Auteuil, monsieur !

— L'usine d'Auteuil ? Elle est peut-être admirablement outillée pour fournir de l'eau bouillante à la population parisienne, mais elle n'a jamais su le premier mot du frigorifisme. Vous pouvez aller lui dire de ma part...

— Mais monsieur !

— D'ailleurs, je ne connais qu'une glace vraiment digne de ce nom : celle qu'on ramasse l'hiver dans la Barbotte !

— Ah !

— Oui, la Barbotte ! La Barbotte est une petite rivière qui se jette dans le Richelieu, lequel Richelieu se jette dans le Saint-Laurent... Et savez-vous le nom de la petite ville qui se trouve au confluent du Richelieu et du Saint-Laurent ?

— Ma foi, monsieur...

— Ah ! vous n'êtes pas calés en géographie, vous autres Européens ! La petite ville qui se trouve au confluent du Richelieu et du Saint-Laurent s'appelle Sorel... Et surtout, n'allez pas confondre Sorel au Canada avec la très jolie et très séduisante Cécile Sorel ou avec Albert Sorel, l'éminent et très aimable académicien ! Ni le fils d'icelui, Albert-Émile Sorel ! Jurez-moi de ne pas confondre !

— Volontiers, monsieur !

— Alors donnez-moi votre sale glace de l'usine d'Auteuil.

— Voilà, Monsieur !

Et Cap mit en nos breuvages quelques-uns de ces factices icebergs.

— Vous n'avez plus, désormais, qu'à nous apporter deux bouteilles de soda... Quel soda détenez-vous, ici ?

— Mais... le meilleur ! Du Schweppes !

— Ah ! Seigneur ! Éloignez de moi ce calice ! Du schweppes !... Certainement, le schweppes n'est pas une marque dérisoire de soda, mais auprès de celui que fabrique mon vieux old fellow Moonman de Fall River, le schweppes soda n'est qu'un fangeux, saumâtre et miasmatique breuvage !... Donnez-nous tout de même du schweppes !

– ... Dit mon père, hugolâtrai-je.

C'était fait ! Nous n'avions plus qu'à lamper notre drink, largement, comme font les hommes libres, forts, rythmiques et qui ont la dalle en pente...

... Quand le gérant eut l'à jamais regrettable idée de nous apporter des chalumeaux, d'admirables chalumeaux d'ailleurs.

La combativité de Cap n'en demandait pas davantage.

— Ça, des pailles ! fit-il avec explosion.

— Mais, monsieur...

— Non, ça, ça n'est pas des pailles ! C'est de la paille, et de la paille périmée, sortant de dessous – saura-t-on jamais ? – quelles innommables vaches ! Je n'ai point accoutumé à boire avec des résidus de purin. En allons-nous, mon ami, en allons-nous !

Cap jeta sur le marbre de la table une suffisante pièce de cent sous, et nous partîmes vers le prochain mastroquet où nous nous délectâmes à la joie d'une chopine de vin blanc, un peu de gomme et un demi-siphon !

J comme JOURNAL

Pas une ligne, pas un geste chez Allais qui ne soit humour. Un écrivain à part entière. Entièrement à part. Un grand écrivain. Un grand écrivain gai, par surcroît. Nous en manquons dans notre histoire littéraire.

Allais ne ressemble à personne. Il insufflera des générations de bateleurs et fagotins. Pas frivole, pas mineur, pas accablé ni particulièrement désopilant non plus. Résolument moderne. Cet homme lucide, beaucoup trop lucide et comme égaré dans les brumes de ce XIXe siècle finissant est davantage notre contemporain que celui de Peladan, Lorrain ou Bourget.

Contre la douane tracassière des arpenteurs du langage, Alphi cherche des effets nouveaux, il échafaude, il engendre, fignole ses lisières, parfois expédie sa chute car le courrier doit partir dans l'heure…

Le voici homme de lettres, diariste amuseur, courriériste sarcastique, laborieux ponctuel et cigale séraphique à la fois, se devant chaque soir au nombre grandissant de ses lecteurs. Tout le monde veut lire Allais, Monsieur-tout-le-monde comme le fin lettré. À chacun ses lunettes, à chacune sa pierre de Rosette.

Ses contes, ses fables, ses soties, il les a écrits pendant vingt-cinq ans au jour le jour, à la demande, à façon comme on dit dans les boutiques de confection du Marais, et aucune rédaction ne pouvait se vanter d'avoir de l'avance. Ses feuilletons constituent la somme cohérente, le parfait aboutissement de l'esprit éparpillé du Chat noir. Un « contier » qui donne ses contes comme un pommier donne des pommes. Pas Normand pour rien, le bougre !

Il parodie le style journalistique, lutte sans relâche contre la bêtise consacrée, la lâcheté admise, passe son temps à mettre les graves et les sentencieux dans des postures ridicules. Il débute brillamment, de l'incipit au point de croix, puis tire à la ligne, tourne court, fagote abruptement un épilogue auquel il semble ne pas croire lui-même, car au bout du compte, la littérature, il n'y a rien de plus assommant…

« La littérature ? De quel égout sort ce serpent ? »

Ne pas être dupe des afféteries, dorloter la langue mais faire en sorte que le récit ne sente jamais la sueur. Attention pourtant, pas de méprise ! Allais avait conscience de son art, mais il serait mort sur le billot avant d'avouer sa sollicitude pour notre thesaurus. Où la pudeur va se nicher !

Sa dernière chronique, parue dans *Le Journal*, le 20 octobre 1905, s'intitulait « La Faillite des centenaires ». Encore un ultime trait de génie prémonitoire de ce défricheur du « coup médiatique ».

La vie serait triste s'il n'y avait pas les journaux. Surtout ceux en couleurs.

La presse a scandé la vie d'A. A. Il se sent journaliste jusqu'aux bouts des phalanges. Il y livre, chaque jour ou presque, soties, fables et contes dont la couleur humoristique varie du bleu foncé au gris anthracite, en passant par le brun, l'ardoise et l'ébène. Selon l'humeur. Selon la saison.

Il donne des chroniques hebdomadaires au *Journal* fondé par Fernand Xau et au *Sourire* de Maurice Méry, où il sert son ragoût d'absurdisme avec ponctualité et prestance. Il aime à considérer ses productions comme biodégradables. Bien avant la vogue des journalistes-écrivains, il a déjà une conception alimentaire de son écriture. Flanquée d'une certaine désinvolture vis-à-vis de ces textes.

Au *Sourire*, Allais crée le ton de la rubrique « La Vie drôle », dont Maurice-Edmond Saillant, dit Curnonsky, connu surtout comme Prince des Gastronomes, « Cur » pour les intimes, nègre de Willy, membre du club des 100 kilos, inventeur de Bibendum, assura bon an mal an la succession jusqu'en 1913.

Allais ne garde pas ses brouillons. D'ailleurs, en fait-il beaucoup ? Heureusement que les preux Messac, Pia et surtout Caradec ont veillé au grain. En traquant et colligeant ses textes partout où ils se trouvaient.

Qu'il pleuve ou qu'il vente, que le foie soit lourd ou le cœur en chamade, A. A. trace son prescrit. Souvent en verve, rarement en berne. Son écriture ressemble au chameau. Une fois en mouvement, il n'y a plus moyen de l'arrêter.

Le lendemain, dans les wagons brinquebalants, sur l'impériale de l'omnibus, les usagers s'arrachent déjà « la dernière » d'Alphi. Avez-vous lu celle de ce matin ? Pendant quelques minutes, d'humbles travailleurs avaient peut-être trouvé « La vie drôle »... Plaire à la foule et en même temps enchanter les palais les plus délicats, voilà le sort enviable de l'humour d'A. A., humour d'une saveur jusque-là inconnue.

Comme tous les grands paresseux, Allais travaille vite. Ses textes, A. A. ne les rédige pas derrière un bureau. Jamais il n'écrit chez lui. Il raconte les facéties de ces intrigues à la cantonade, à la terrasse des cafés. Il les répète, il les marmonne, il les cisèle. Textes nets et précis, euphoniques, car faits pour être lus à haute voix. Ah ! comme ma grand-mère avait déjà raison, jadis, à la tête de mon berceau.

Enfin, il peut lâcher d'une seule traite une histoire qu'il sait par cœur, dont il a « rodé » les effets auprès de son entourage. Un blagueur à froid capable de débiter sur un ton très cérémonieux les histoires les plus savonneuses, voilà la réputation fin de siècle de la comète de Allais.

Des discours ambiants, il s'imprègne comme une éponge, abuse, pastiche, parodie la parole d'autrui, les mondains en goguette, les échotiers à l'affût, les employés pendant les heures de pause, pour bientôt ne produire un texte qui n'appartient qu'à lui.

Grande parade de la fumisterie littéraire.

Sa distance favorite est le sprint. Deux feuillets. Un recto verso, voilà sa mesure. Quelques monologues plus longs. Un seul roman à son actif : *L'Affaire Blaireau*. Indolence, mollasserie congénitale ou difficulté à mettre de l'ordre dans ses affaires ? Allais n'est pas très soigneux avec ses propres productions. Il sème ses manuscrits, égare ses originaux, on a le sentiment que certaines de ses publications se font à son insu par le biais d'éditeurs soucieux de rassembler ses membres épars.

« Ils sont toujours bons, les livres qu'on annonce et qui ne paraissent jamais ! »

Allais est à l'aise dans le récit ramassé, aciculaire, calibré pour une attention de trois à quatre minutes, qu'il attaque souvent alors qu'un dialogue est déjà entamé, une action commencée, histoire de tirer plus vite son lecteur par la manche de l'autre côté du miroir. Un des trucs basiques du métier de folliculaire.

Parfois, il ne connaît pas le premier mot de sa chronique, il improvise avec brio, une « fusée » en poussant une autre. Si A. A. ne savait pas quel thème aborder, en revanche il savait à la perfection comment le tracer. C'est ce qui manque cruellement aujourd'hui. La shampouineuse qui a défenestré son bébé, le coureur cycliste qui s'est chargé à la nitroglycérine, le prêtre qui a couché avec sa tante, le nain de cirque qui a été violé par une otarie savante, ont certes quelque chose à raconter, mais que dire avec cent mots de vocabulaire et une technique narrative qui tient sur un timbre-poste de la Guyane hollandaise ?

Même au plus fort de la prostration, quand le moral descend sous les semelles et que le mot juste vous fuit obstinément, Allais respecte la langue. Elle le lui rend bien, même quand elle se montre par trop saburrale, comme disent les pharmaciens.

Chargée quoi.

L'humoriste attend jusqu'à la dernière minute. Puis il envoie un garçon poster le pli dans une boîte aux lettres de la gare la plus proche. Au dernier moment. À la volée. Le préposé attend parfois au pied de la boîte, l'air sévère.

C'est un trait de son caractère : A. A. n'a jamais eu la notion du temps. Il ne travaille que dans l'urgence, à la dernière minute. Il s'étonne qu'il faille donner son papier huit jours à l'avance au *Sourire*, hebdomadaire illustré. Ses charitables lectrices et ses tendres lecteurs ont pour lui les indulgences de Chimène.

Il invente sans désemparer, il crée du neuf, de l'occasion, il se recycle lui-même lors de longues plages entortillées (particulièrement les trois dernières années de sa vie), il pardonne aux plagiaires. Les mots sont à tout le monde. C'est un hommage que quelques fainéants lui rendent. Lui-même est une plaquette Vapona. Il avance, le regard enfantin, la moustache qui frise, force inentamable, plus que jamais fidèle à la formule de Jarry parue dans *L'Almanach du Père Ubu* en 1899 : « Allais celui qui ira. »

« L'Inespérée bonne fortune », conte repris dans le recueil *À l'œil*, illustre à merveille cette inimitable manière de trousser une historiette, un mot en asticotant un autre, une boutade succédant à une réplique, le récit s'élaborant en direct, presque sous le regard de son lecteur :

> Il m'est arrivé, voici peu de jours, une fort piquante aventure dont je vais avoir l'avantage de mettre mon élégante clientèle au courant.
>
> Il n'était pas loin de six heures, je sortais du Palais où la plaidoirie de mon avocat m'avait si cruellement altéré que je constatai l'urgence d'entrer à la brasserie Dreher et d'y boire un de ces bocks dont elle a seule le secret.
>
> J'étais installé depuis deux minutes quand je me sentis curieusement observé par un grand jeune homme pâle et triste, en face de moi.
>
> Bientôt ce personnage se leva, se dirigea vers moi, et fort poliment :
>
> — Vous plairait-il de m'accorder quelques instants de bienveillante attention ?
>
> — Volontiers, acquiesçai-je.

— Vous me faites l'effet, monsieur, d'un pour qui rien de ce qui est humain ne demeure étranger.

— Je suis cet un.

— Je l'avais deviné... Alors, vous allez compatir. Voici la chose dépouillée de tout vain artifice : je suis éperdument amoureux d'une jeune fille qui passe tous les soirs vers six heures et demie place du Châtelet. Une incoercible timidité m'en prohibe l'abord, et cependant je me suis juré de lui causer ce soir, comme dit M. Francisque Sarcey dans son ignorance de la langue française.

— Si vous dites un mot de travers, comme dit Chincholle, sur M. Sarcey, je me retire !

— Restez... Alors, j'ai imaginé, pour la conquête de la jeune personne en question, un truc vaudevillard et vieux comme le monde, mais qui pourrait d'autant mieux réussir.

— Parlez !

— Quand la jeune fille poindra à l'horizon du boulevard de Sébastopol, je vous la désignerai discrètement ; vous lui emboîterez le pas, vous lui conterez les mille coutumières et stupides fadaises... À un moment, vous serez insolent... La jeune vierge se rebiffera... C'est alors que j'interviendrai. « Monsieur, m'indignerai-je, je vous prie de laisser mademoiselle tranquille, etc. ! » Le reste ira tout seul.

— Bien imaginé.

— Vous vous retirerez plein d'une confusion apparente. Demain, je vous raconterai le reste, si vous voulez bien me permettre de vous offrir à déjeuner, ici même, sur le coup de midi.

— Entendu.

— Chut !... la voilà !

Elle était en effet très bien, la jeune personne, véritablement très bien.

Une sorte de Cléo de Mérode, avec à la fois plus de candeur et de distinction.

Fidèle au programme, je l'accompagnai :

— Mademoiselle, écoutez-moi donc ! et tout ce qui s'ensuit.

Elle ne répondit rien.

Je devins pressant.

Égal mutisme.

Impatienté, je frisai la goujaterie.

Je n'y gagnai qu'à la faire croître en beauté, en candeur, en distinction.

C'est alors que le jeune homme pâle et triste crut devoir intervenir :

— Monsieur, je vous prie de laisser cette jeune fille en paix !

La demoiselle détourna la tête, s'empourpra de colère, et d'une voix enrouée et faubourienne :

— Eh ben quoi ! cria-t-elle. Il est malade, çui-là ! Qui qui lui prend ?

S'adressant à moi :

— Monsieur, f... ez-lui donc sur la gueule pour y apprendre à se mêler de ce qui le regarde ! En voilà un veau !

J'hésitais à frapper.

— F... ez-lui donc sur la gueule, que je vous dis, à c'daim-là !... Vous n'êtes donc pas un homme ?

Ma foi, un peu piqué dans mon amour-propre, j'obéis.

Je décochai au jeune homme pâle et triste un formidable coup de poing, qu'il para fort habilement d'ailleurs avec son œil gauche.

Une heure après cet incident, la délicieuse enfant, véritable vierge de Vermicelli, m'amenait en sa chambrette du boulevard Arago et me prodiguait ses plus intimes caresses.

Le lendemain à midi, exact au rendez-vous du jeune homme pâle et triste, je me trouvai chez Dreher.

Lui n'y vint pas.

Mesquine rancune ? Simple oubli ?

K comme KAMIKAZE

C'est bien en touriste kamikaze que l'humoriste piétine les plates-bandes, écrase les paulownias du pourtour, sacrifie les géraniums en feignant d'ignorer les écriteaux.

Quand il n'était pas satisfait d'une phrase, d'une tournure, il l'attribuait à certains écrivains qu'il jugeait médiocres. Ils étaient foultitude à l'époque. Quand il n'était pas entièrement derrière une idée saugrenue, une pointe acérée de son « ma boulisme » congénital, il l'expédiait en « note en bas de page » dont il avait le génie.

Allais était tout « humour ». Dans ses débordements les plus délirants, il n'épargnait personne. Pas même sa propre carcasse. Il attaquait en piqué.

Entre l'épigramme du XVIIIe siècle et Cami, Alphi tutoie les sommets de la loufoquerie bien pommée. C'est dans ses fameux « combles », dont il reste un spécialiste du genre, qu'il gambade le plus à l'aise. En voici quelques spécimens choisis. Une nouvelle fois, cet Allais vaut bien le détour.

Le comble de la politesse : refermer la fenêtre derrière soi après s'être jeté dans le vide.

Le comble de l'économie : se coucher sur la paille qu'on voit dans l'œil du voisin et se chauffer avec la poutre qu'on a dans le sien.

Le comble de la bonté d'âme : Refuser qu'on frappe les carafes et qu'on pende les crémaillères.

Le comble de l'inattention : se perdre dans la foule et aller à la police donner son signalement.

Le comble de la prudence : marcher sur les mains, de peur de recevoir des tuiles sur la tête.

Le comble du cynisme : assassiner nuitamment un boutiquier et coller sur la devanture : fermé pour cause de décès.

Le comble de la politesse : s'asseoir sur son derrière, et lui demander pardon.

Le comble de l'erreur géographique : croire que les suicidés sont les habitants de la Suisse.

Le comble de l'habileté : arriver à lire l'heure sur un cadran de baromètre.

Le comble de la ressemblance : pouvoir se faire la barbe devant son portrait.

Le comble de la pose : ne pas sortir de chez soi, sonner sur son piano toutes les heures et toutes les demies pour faire croire aux voisins qu'on a une pendule.

Le comble de la complaisance : rattacher aux arbres les feuilles qui tombent.

Le comble de l'obséquiosité : enterrer les balles mortes.

Le comble de la distraction : avoir perdu ses lunettes, et les mettre pour les chercher.

Le comble de l'indolence : le matin en se réveillant, ne pas penser à ouvrir les yeux.

Ces quelques variations montrent que l'humoriste n'a pas froid aux yeux.

Qu'il n'a de compte à rendre à personne. Par le collimateur de son avion kamikaze, il canarde le discours de la méthode avec un beau sourire :

TRAIN MANQUÉ

Dans Aire-sur-la-Lys, il advint une fois
Qu'un voyageur manqua son train. C'est une affaire
Qui n'a rien d'extraordinaire
Il s'était attardé : tant pis pour lui, ma foi !
MORALITÉ :
Si tu ne viens pas à la gare d'Aire
La gare d'Aire n'ira pas à toi

Une autre ? Pour la route !

NE JUGEZ PAS LES GENS SUR LA MINE

Par un certain Dumont, géant d'aspect robuste,
Aglaé remplaça son gentil Cyprien
Hélas, quel désespoir ! Au pieu (Châtiment juste !)
Le fort Dumont valait rien.

L comme LOGIQUE

La logique peut mener à tout à condition d'en sortir. Dans ses années parisiennes, Allais passe le plus clair de son temps dans le laboratoire de Charles Cros. Son mentor, son catalyseur, peut-être le cerveau le plus brillant du XIXe siècle. La culture encyclopédique et le génie d'inventeur de l'auteur du *Coffret de santal* le fascinent. Jusqu'à sa disparition en 1888, il voue à ce grand aîné, une admiration fervente et indéfectible.

Tous les deux se montrent passionnés par la synthèse des couleurs. Cros lutte avec Edison dans la course au brevet. Allais, comme à son habitude, rêve debout : « Pourquoi le temps, ce grand teinturier, s'amuse à rougir les chapeaux, alors qu'il verdit les redingotes ? »

Bien avant Malevitch, Yves Klein et les grands fleurons de l'avant-garde, on lui doit l'invention de la peinture monochrome qui laissa sept œuvres impérissables au catalogue de l'exposition des « Arts incohérents » de 1883 : Une surface absolument noire : *Combat de nègres dans une cave, pendant la nuit.* Une toile immaculée : *Première communion de jeunes filles chlorotiques, par un temps de neige.* Un tableau bleu : *Stupeur de jeunes recrues apercevant pour la première fois ton azur, ô Méditerranée !* Un monochrome rouge : *Récolte de la tomate par des cardinaux apoplectiques au bord de la mer Rouge.* Une pièce grise : *Bande de pochards dans le brouillard.* Un rectangle jaune : *Manipulation de l'ocre par des cocus ictériques.* Et enfin, un plan totalement vert : *Des souteneurs, encore dans la force de l'âge et le ventre dans l'herbe, boivent de l'absinthe.*

À la différence de son compatriote honfleurais Eugène Boudin, talentueux certes dans la facture des ciels rapides, mais qui resta toute sa vie dans le plus profond académisme narcotique, il y a chez Allais toute la base picturale du XXe siècle et de ceux qui suivent.

La logique, disait-on en guise d'entrée en matière, mène donc à tout à condition d'en sortir.

Les pensées d'A. A., toujours en activité d'impertinence et de trouvaille, ne s'enchaînent pas comme celles du commun (on allait dire du coma) des mortels. La fêlure guette. L'erreur génétique. L'exception qui fait dérailler le convoi du sens commun. On ne perçoit qu'au dernier moment le cheminement d'une réflexion délicieusement méandreuse qui fait soudain arriver le récit à une chute mirobolante.

Né entre bassin de radoub et môle croûté de givre, l'humoriste emmène son lecteur en bateau avec souplesse et délectation. Le texte se développe en toute liberté sur un mode aléatoire multipliant divagations et concetti.

Les notables et les nantis s'irritent de ces façons cavalières. Ils ne liront pas un tel malotru. A. A. n'en a cure, il aime à laisser entendre qu'il écrit de préférence dans les faubourgs de la littérature, pour un échantillon de placiers et de colporteurs avec lesquels il pourrait trinquer dans un estanco de sa convenance.

Allais se moque, il chine, il persifle.

En guise d'exergue au *Parapluie de l'escouade*, il assène au lecteur bouche bée :

> 1° Il n'est sujet dans mon volume de parapluie d'aucune espèce.
>
> 2° La question si importante de l'escouade considérée comme unité de combat n'y est même pas effleurée.

Certes, on n'attrape pas les mouches avec du vinaigre. Le public pourrait bouder de telles impertinences. Pas du tout ! Allais est chaque jour fêté pour de telles malices discourtoises.

Alphi se moque gentiment des théories darwinistes. Ainsi, dans son conte « L'Agonie du papier », il prévoit qu'un jour les abonnés des bibliothèques liront les journaux sur microfilms. Visionnaire avec ça ! Ses farces étaient toujours plus ou moins susceptibles de la plus rentable et immédiate application.

Imbattable dans le maniement du propos discursif, Allais cache des canulars à la Hellzapoppin sous des mines d'enterrement. La mystification impeccable, parfaite, voilà son nanan, sa friandise, sa frangipane. Terroriste du bon sens, il décortique l'art d'être grammaire avec un zèle d'horloger franc-comtois.

« On dit : Francfort-sur-le-Main et avoir le cœur sur la main. Comment voulez-vous que les étrangers s'y reconnaissent ? »

Les façons de parler, les clichés sont convoqués sans qu'on ne sache trop si l'auteur y adhère ou s'il veut les conspuer. Le lecteur est prêt à tout accepter d'un récit d'Alphonse : sa simplicité méthodique, ses enchaînements implacables, ses dialogues à la bonne franquiste, jusqu'à l'épilogue sidérant.

Mais où diable ce redoutable bretteur du verbe nous a-t-il roulé dans la farine ?

Dans un de ses contes intitulé « Collage », un mari jaloux réunit tels deux siamois les corps de sa femme et de son amant : « C'est ce que les Français appellent un collage ! » Dans un autre, « Un rajah qui s'embête », un despote oriental, insatisfait de l'effeuillage d'une jeune courtisane, lui fait ôter... sa peau !

L'inlassable questionnement poussant l'imaginaire biscornu dans ses ultimes retranchements ne désempare pas. Pourquoi un département terrien comme l'Orne s'est-il doté d'un phare maritime de première classe ? Vaut-il mieux épouser une jeune fille laide plutôt que sa ravissante maman ? Comment faire fortune en semant des fleurs dans un champ ? Par tous les temps, sous toutes les latitudes, l'écrivain va toujours au bout de son idée par l'application stricte d'une logique adamantine poussée jusqu'à l'absurde.

Il expose les faits selon son propre bon sens en laissant filtrer l'énormité des relations entre la cause et l'effet. Il rend ainsi notre lecture dangereuse. Minée. Le récit se piège, il nous montre soudain dans notre inquiétante bêtise, il nous saisit au beau milieu d'un rire qui n'est pas loin d'être celui du bourreau. Le simulacre neutralise le jugement, le rend hasardeux. Une pensée spéciale pour cette jeune fille qui s'épuisait à prendre le tramway dont la teinte s'accordait à sa robe... Un salut amical à ce monsieur pas beau, doté d'un nez surabondamment eczémateux, « l'embrasseur », dont le faible consistait à étreindre affectueusement le plus possible de jeunes mariées en blanc.

Chef aiguilleur du dialogue à vide dont Ionesco, Beckett ou Dubillard tirèrent plus tard les dividendes, Allais est le grand mamamouchi des incidentes. Cet énoncé accessoire qui parasite la phrase principale.

« Dame, des incidentes sont si vite arrivées. »

À des tables somnolentes, entre la poire et le fromage, il est surpris à écouter distraitement les récits de la Bible, et plus encore de l'Ancien Testament. Quand on l'interroge : « Eh ! bien le mystère de la sainte Trinité... — Heu... Ça manque de femmes ! »

Écoutons ce bref récit de A. A., « Inanité de la logique », issu du recueil *À l'œil*, sur le bon usage de la dialectique quotidienne :

> Sans aller plus loin, moi, j'ai un ami qui serait le plus heureux garçon de la création sans la rage qu'il a de tirer des conclusions des faits et d'arranger sa vie logiquement, comme il dit.
>
> Aussi son existence n'est-elle qu'une forêt de gaffes.
>
> Un petit fait, entre autres, me vient à la remembrance.
>
> À ce moment-là, il était étudiant et pas très riche. Sa pension mensuelle avait pour destination de payer des breuvages à toutes les petites femmes qui passaient sur le boulevard Saint-Michel. Aussi son tailleur ne recevait-il, à des laps séculaires, que de dérisoires acomptes.
>
> Un beau jour, impatienté, ce commerçant monta chez le jeune homme et panpanpana à sa porte.
>
> Devinant de quoi il s'agissait, le jeune homme ne souffla mot, et même, selon le procédé autruchien, enfouit sa tête dans les linceuls.

Pan, pan, pan ! insista le tailleur.

Pareil mutisme.

À la fin, l'homme s'impatienta :

— Mais répondez donc, nom d'un chien ! proféra-t-il. Je vois bien que vous êtes chez vous, puisque vos bottines sont à la porte !

Cette leçon ne fut pas perdue, et désormais, au petit matin, mon ami rentrait ses chaussures.

À quelques jours de là, revint le tailleur. Ses panpanpan demeurèrent sans écho. Et comme il insista bruyamment, ce fut au tour de mon ami de se fâcher. Il cria, de son lit :

— Est-ce que vous aurez bientôt fini de faire de la rouspétance dans le corridor, espèce d'imbécile ?… Vous voyez bien que je ne suis pas chez moi, puisque mes souliers ne sont pas à la porte !

Grossière supercherie dans laquelle ne coupa point le fournisseur.

M comme MISANTHROPIE

Est-il au quotidien un auteur gai ? Ses faits et gestes donnent le sentiment que l'homme déprime à gros bouillons. Détestant la tour Eiffel, il pique-nique dessous pour ne point la voir. Avec un passe-montagne au besoin. Car ce maquisard n'était pas homme à tolérer autour de sa personne képis, soutanes ou montres à gousset dansant sur les panses de « fantastiques bourgeois ».

Certes, les trois titres de ses premiers recueils invitent à la franche rigolade : *À se tordre !*, *Vive la vie !* et *Pas de bile !* Le lecteur aurait tort de s'y fier. La vie d'A. A. est un « tissu de coups de poignard qu'il faut boire goutte à goutte », aurait dit Christophe, l'immortel auteur du *Sapeur Camember* et de la *Famille Fenouillard*. Deuil, rupture, incessants problèmes d'argent l'installent dans la précarité.

L'homme devant son verre ballon n'a pas avalé un clown. Il fait la tête.

Pour se détendre, on le surprend parfois à réciter « Le Hareng saur » de son ami Charles Cros... en anglais... et sur l'impériale de l'autobus. Jules Renard, toujours à l'affût d'une rosserie, note narquoisement que la célébrité, surtout chez les humoristes, se paye parfois très cher. « Quelle doit être la vie d'Allais ! Il faut qu'il garde toujours son air abruti, qu'il se laisse taper sur le ventre, qu'il écoute sans broncher les – *Est-il rigolo, ce type-là !* – du premier venu. »

Personne ne se souvient de l'avoir vu rire. Ou alors du coin de la bouche, en mettant la main sur les lèvres « pour cacher l'âge de ses dents », persifle le toujours charitable Jules Renard. A. A. n'a aucune sympathie particulière pour les chats, les chiens et les animaux domestiques en général. Il garde ses distances avec les enfants quand son goût du macabre ne les envoie pas rissoler au four ou dans un faitout.

Dans les brasseries, il arbore une mine lugubre, et quand les gens lui demandent ce qu'il a, il répond sur un mode sépulcral : « C'est ma jeunesse qu'on enterre. » Lorsqu'il égrène les tonalités de sa large palette de plaisanteries et de poissons d'avril, c'est avec un air sinistre. Plus tard dans la soirée, quand les vapeurs de l'alcool font leur effet, il consent enfin à se détendre.

Sa logique glacée fait mouche, ses boutades au cordeau présagent le théâtre de l'absurde. Ionesco, Dubillard, Anouilh ont une dette du côté du Vieux Bassin.

« Continuez les amoureux, aimez-vous bien, et toi jeune homme, mets longtemps ta main dans celle de ta maîtresse, cela vaut mieux que de la lui mettre sur la figure, surtout brutalement. »

Oui, les gens sont de drôles de gens. Et Allais aime par-dessus tout les embêter. C'est son passe-temps mignon. Quels sales types que les gens ! Autant faire sans eux. Allais, le plus souvent, trône seul à son guéridon. Il sirote, il écrit, il sirote. Une passante, jeune et fraîche, un tendron, « une buée », attire brièvement son regard de yachtman courbatu. Se démarque nettement chez lui un fétichisme pour les peaux de porcelaine et les chevelures rousses des petites maîtresses volages, modistes lestes et autres blanchisseuses ingénues.

Il hume un sillage parfumé, apprécie la filière d'une cambrure et se replonge dans l'écriture de son « papier » quotidien. Regrettant le plus souvent que derrière une odalisque bien prise se cache une gourde indécrottable.

La gaudriole n'est pas son affaire. La scatologie, pourtant très en vogue à cette époque, non plus. « Autant j'aime faire des cochonneries dans la vie, autant je déteste qu'on en écrive dans les livres. »

Il dévisage les femmes plus qu'il ne les envisage.

« Tout ce qui est public devrait être gratuit. L'école, les transports et les filles. »

Alphi aurait pu être de l'Académie, comme Donnay, comme Capus, comme Flers, comme tant d'autres. Tristan Bernard lui-même, un jour, se présenta. Il n'obtint qu'un nombre dérisoire de voix. Il est vrai qu'il avait envoyé par « pneumatique » sa lettre de candidature, ce qui choqua nombre de débris chenus. Du moins, était-elle écrite en français.

S'il ne dédaigne ni les mondanités, les vernissages, les dîners en ville ou les jurys de concours, jamais A. A. le prince-sans-rire ne fut décoré (il inventa un cafouilleux canular sur la soi-disant obtention des palmes académiques). Contrairement à nombre de ses contemporains, il réchauffe une sainte horreur des hochets de la vanité. Sur son faire-part de décès, en octobre 1905, ne figurera aucun titre hormis celui d'homme de lettres.

Aux terrasses des esplanades, inlassablement l'ironiste grince sur ses semblables :

> « La blague est la seule arme à employer contre la solennité imbécile d'un tas de messieurs qui voudraient nous faire prendre leurs baudruches soufflées pour des blocs de marbre. Quant aux graves patauds qui n'aiment pas la blague, ils me rappellent un cul de jatte que j'ai rencontré l'autre jour. Ce pauvre bout d'homme haussait les épaules en voyant des cyclistes. »

Lors d'une représentation théâtrale, l'exubérance des chapeaux féminins peut seule provoquer son courroux.

Plutôt que les dames, cérémonieuses et trop étudiées, l'humoriste a un faible pour les jeunes filles. Chez la bourgeoise, net avantage à l'intérimaire en regard de la régulière. Il les aime bien en chair, costaudes et n'ayant pas froid aux yeux. « Je préfère les femmes d'amis aux autres : comme ça, on sait à qui on a affaire. »

Dans « L'Esprit d'Ellen », il décrit ainsi une drôlesse de passage : « La fille était superbe, très forte quoique toute jeune, avec une bouche rouge et charnue et des yeux à fleur de tête, des grands yeux de vache à l'herbage. » Chez A. A., les robustes canons de la beauté féminine sont plus proches de l'étable que du petit bal des lys blancs.

Avis aux créatures qui rempliraient ce programme.

La femme gonfle tout son champ de vision, il la croque, il la brosse, la fait reluire sur le papier à la manière d'un enlumineur. Mais A. A. demande plus d'avances aux directeurs de journaux qu'il n'en fait aux belles passantes sur le pavé du boulevard. C'est un timide. Attitude d'un inhibé sentimental qui dans la fiction se permet toutes les fantaisies. Souvent, la femme tient lieu d'incipit favori : « Angéline – vous ai-je dit qu'elle se nommait Angéline ? – rappelait d'une façon frappante *La Vierge à la chaise* de Raphaël, moins la chaise, mais avec quelque chose de plus réservé dans la physionomie. »

Sa relation passionnée avec Jane Avril, petite rousse ardente au visage souffreteux de vierge préraphaélite, danseuse vedette du quadrille du Moulin Rouge, modèle préféré de Toulouse-Lautrec, fut la grande affaire sentimentale de sa vie. Ce petit être fantasque et attachant côtoie sur scène Valentin le désossé et la Goulue. Le monde entier a pour elle des yeux de velours. Et même de pékin.

Allais est là chaque soir, au pied de sa belle. Un type en or, vraiment, cet Alphi ! Ses longues mains fines de « contremaître anglais » ne la laissent pas insensible. Ses bonnes manières et son ramage aussi. Raide transi, il ne cesse de lui prodiguer des signes de connivence. La mine anémique de Jane et son corps d'enfant parcouru de mille secousses telluriques déchaînent les passions. Ses jambes blanches sous son jupon noir affolent la cohorte des artistes et des poètes lors de leur tournée des grands bocks.

Ce petit Botticelli gambilleur de bastringue, au sourire triste et à l'œillade alanguie, porte le surnom explosif de « La Mélinite ». Les admirateurs se pressent à l'entrée des loges pour admirer Jeanne Beaudon, la fillette de Belleville. Chaque soir, Allais la regarde partir, riant aux éclats, au bras d'un autre, jamais le même. Éperdument épris, il tente le tout pour le tout et propose de l'épouser.

Quel cocasse ménage ils formeraient ! Le petit Tanagra et l'ombrageux Viking !

Elle refuse. Il se fait pressant. Elle ne veut pas le blesser. Il la supplie à genoux, les yeux embués de larmes. Pour une fois, Allais perd son flegme. Le voici qui la poursuit avec un revolver sur les trottoirs de l'avenue Trudaine.

Un revolver en carton !

> « Il y a des femmes qui sont comme le bâton enduit de confiture de roses dont parle le poète persan : on ne sait par quel bout les prendre. »

Plus tard, le 21 février 1895 exactement, il épousera Marguerite Gourée, une ardente Ardennaise déguisée sous une douce beauté flamande. Une manière de faire une fin ou une façon de garder les apparences.

> « Sait-on, dites-vous, quand je ris et quand je suis sérieux ? Hélas ! Celui qui le saurait serait plus malin que moi ; car, moi, je ne m'en doute même pas. Sérieux ou rigolo ? Ni l'un ni l'autre, ou peut-être les deux. La vérité, c'est que je considère la vie comme beaucoup trop provisoire pour être jamais prise au sérieux, et pas assez facétieuse pour inspirer de vives allégresses. Alors, quoi ! »

Mais il supporte mal le train-train du ménage, ce ver dans le fruit conjugal. Il s'échappe. Il veut prendre de vitesse la rupture. Il lutte contre la tentation adultérine (de lièvre). Il a eu si souvent son avenir brisé ! Plus assez de glu. Plus assez d'empois. Il sait que les gens mariés vieillissent plus vite que les célibataires. Pour preuve, cet échange désabusé :

> « Bonjour, vieux. Tu sais, je me marie.
> — Ah ! et... est-elle jolie ?

— Pas bien, bien jolie, mais il y en a de plus laides.

— Elle a de l'esprit ?

— De l'esprit ? Oh ! pas des masses, cependant j'en ai vu de beaucoup plus bêtes.

— Elle est honnête au moins ?

— Mon Dieu, c'est pas qu'elle soit très, très honnête, mais elle est si bonne fille ! »

Aux grands écarts frénétiques du cancan, il goûte la compagnie de fausses primavera, de Joconde au rabais. Les chairs éboulées à vau-l'eau ont toujours tenté l'écrivain.

Les énervés de la Belle Époque, desperados vieillis de la cause humaniste, aiment aller à « la chair gueuse comme le pourceau à la truffe ».

> « Les petites femmes », idoles parées de pierreries, automates au regard vide, sont un jeu pour le masochisme masculin qui crée ainsi une image à la mesure de ses peurs. Pour beaucoup, la courbe de l'art 1900 se confond avec une chute de reins. On bâche de joyaux la femme fatale comme on la couvrirait d'injures. Et s'il n'y avait rien sous les baleines du corset ? Si la crinoline n'abritait que du vent ? Pour Laforgue, la femme est « vertugadin du néant ».

La femme, « ce mammifère à chignon », apparaît comme une maladie cyclique. Un mariage ne peut réussir qu'entre une femme aveugle et un homme sourd. La misogynie reste fille aînée de la misanthropie. Allais ne laisse pas sa part. Il se régale à contempler les exquises marquisettes d'antan se transformer en vieilles chipies dévotieuses et dépourvues de charmes.

Il n'est point rare, entre chères madames, d'entendre ce dialogue :

> — Qu'est-ce que votre mari vous a donné pour vos étrennes ?
> — Oh ! qu'il a été chic. Il m'a fait enlever les ovaires...

L'humoriste n'est pas loin de penser que si l'homme a été créé avant la femme, c'est pour lui permettre de pouvoir placer quelques mots. Alfred Capus rapporte qu'il arrivait qu'Allais vienne dîner sans sa femme en claironnant à qui voulait l'entendre « qu'elle avait mal aux parties génitales ».

Au-delà des frontières, l'enfer c'est les voisins. Même s'il arbore une morgue toute albionique, Allais est profondément anglophobe. Il ne manque jamais une occasion de brocarder nos voisins d'outre-Manche. De passage à Londres, mu par un besoin pressant, il constate que cette ville ne possède aucun de ces précieux édicules auxquels un empereur romain a donné son nom. Miction impossible. Que faire ? Chimérique d'attendre davantage. Voici par bonheur, une pharmacie. Il entre. Le pharmacien s'avance :

> A. A. : « C'est pour une analyse d'urine. »
> Le pharmacien : « Well, sir. »
> A. A. : « Avez-vous un récipient ? »

On se représente la scène.

Allais, soulagé, s'esquive en adressant un salut reconnaissant au potard : « Bye ! bye ! »

Dans ces contes et « nouvelles à la main », il multiplie les allusions grinçantes sur les petits hommes.

Anglais, Luxembourgeois, Levantins, Texans ou Poitevins. Gamins et loupiots de tout poil sont les cibles privilégiées de son humour noir. « L'humour noir est l'anthropophagie des végétariens », disait Picabia. Les nouveau-nés ne sont pas épargnés. Allais évoque ainsi « une charmante jeune fille condamnée à vingt ans pour avoir précipité dans les water-closets un enfant fraîchement né – avec cette circonstance atténuante qu'elle avait immédiatement remis le couvercle en place pour éviter un courant d'air au bébé ».

N comme NOIR (Le Chat)

On ne peut imaginer aujourd'hui l'effervescence créatrice du cabaret du Chat noir. Ce lieu magique fit entendre un rire continu qu'on n'avait jamais ouï avant lui. Mais ouï. Il faudrait pouvoir juxtaposer dans l'imaginaire du music-hall l'âge d'or du Café de la Gare de Romain Bouteille, les belles années des cabarets rive gauche avec Boby Lapointe et Fernand Raynaud, les grandes heures radiophoniques des canulars avec Francis Blanche et Maurice Biraud, plus un Georges Perec qui animerait des ateliers d'écriture à l'Olympia, un Pierre Desproges en liberté au « Tribunal des flagrants délires » et un Léo Ferré qui éructerait ses monologues à la Mutualité. Le bonheur à l'état pur.

À l'enseigne du Chat noir, dessinée par Adolphe Willette, représentant un félin domestique dans un croissant de lune, chacun pouvait fréquenter une nouvelle abbaye de Thélème où ne régnait que le bon plaisir.

Il serait bien difficile de parler de la chanson vivante de la Belle Époque sans invoquer le nom de Rodolphe Salis, né à Châtellerault en 1852, mort au même endroit en 1897, créateur, animateur, cabaretier, tonitruant fondateur et âme directrice de cet antre mythique en novembre 1881. Le Chat noir, véritable bouillon de culture de la modernité, sis 84 boulevard Rochechouart où s'est pressée sans relâche toute une bande de fantaisistes fêtards devenus célèbres : Cros, Verlaine, Satie, Samain, Willy, Richepin, Lorrain, Villiers de l'Isle-Adam, le très bachique Raoul Ponchon, Jehan Rictus, Jules Jouy, Georges Fourest, Franc-Nohain « poète amorphe », Maurice Donnay, Émile Goudeau père des Hydropathes et sa terrible verve gasconne, le très macabre et satanique Rollinat (« Le grand meneur de loups sifflait dans la nuit verte »), Gaston Couté et ses chansons de la Loire, l'austère Mallarmé, Natanson le directeur de *La Revue Blanche*, Germain Nouveau, Jean Moréas, Gabriel de Lautrec, Georges Auriol (« Quand les lilas refleuriront »), Banville, Mac-Nab chansonnier et spirite, Hyspa fondateur des « Quat'-z-Arts », Xanrof auteur du célèbre « Fiacre », etc. Tous étaient des habitués. Certains étaient intoxiqués. On croisait parfois Léon Durocher, fondateur de l'Association des Bretons de Paris.

Dans ce lieu si exigu qu'on y tenait pas quarante, avec ses pots d'étain, un lustre en fer forgé de l'époque byzantine, ses vaisseaux de cuivre, ses bancs et ses chaises de bois massif, le tout du plus pur style Louis XIII, on saluait aussi Guy de Maupassant, Paul Delmet, Catulle Mendès, François Coppée, Coquelin Cadet, Jean Goudezki « poète chaste », Willette, Steilen, Caran d'Ache au crayon, Toulouse-Lautrec derrière une glace sans tain. Pas un de ceux qui faisaient le Paris énergumène de la Belle Époque ne manquait à l'appel, sans compter les légions dégingandées d'Hydropathes, Hirsutes, Décadents, Zutistes, Incohérents, Jemenfoutistes et autres Harengs-Saurs...

Les murs avaient été peints à la hâte, les cadres étaient vides mais l'esprit y soufflait, voire y souffrait. Preuve : à la porte, Salis avait eu l'idée de placer un Suisse splendidement chamarré, couvert d'or des pieds à la tête, chargé d'accueillir la meilleure clientèle tout en laissant les « infâmes curés et les militaires » à la porte, mais préposé également à toujours laisser passer les peintres et les poètes.

On sert là de l'hypocras dans des coupes en or.

Tout ce petit monde noctambule vivait en bonne intelligence dans une capricante et coruscante consanguinité. Un tel compagnonnage d'esprit semble maintenant impensable, tant les rivalités mercantiles sont grandes. Mais à l'époque, un esprit bambocheur et bon enfant fédérait toutes les dissensions.

À l'étage, un théâtre d'ombres connaissait un grand succès sous la houlette d'Henri Rivière. Le castellet se transformait en un gigantesque écran avec deux étages de galeries, un piano, un orgue, une batterie, des appareils de bruitage. Il y avait parfois une douzaine de personnes en coulisses... Des idylles se formaient dans la pénombre. Le Chat noir acquérit très vite une solide réputation d'agence matrimoniale.

Dehors, le trottoir débordait.

La rencontre de Rodolphe Salis et d'Émile Goudeau allait décider de la migration des poètes du Quartier latin vers Montmartre, la mythique Butte, « mamelle granitique des générations éprises d'idéal ». Salis, même s'il a fréquenté les Beaux-Arts, pressent qu'il ne sera jamais un peintre de renom. Son truc à lui, c'est de donner vie à des lieux, grâce à sa faconde parodique, sa gouaille bravache, son maintien de grand hobereau. Il jeta son dévolu sur ce minuscule réduit, y entassa un ahurissant capharnaüm et le baptisa à l'enseigne du compagnon domestique cher à Edgar Poe, tantôt bénéfique, tantôt maléfique.

Selon la Genèse, tous les métromanes décadents vous le confirmeront, Montmartre est le berceau de l'humanité. Le gai cabaret ne tarde pas en tout cas à devenir sinon le centre du monde, du moins le Saint des Saints du Paris artistique.

Après quelques ripailles, il ne faut pas trop pousser Charles Cros pour entonner sa « Chanson des Hydropathes » :

> Le vin est un liquide rouge
> Sauf le matin quand il est blanc,
> On en boit dix, vingt coups, et vlan !
> Quand on a trop bu, tout bouge.
> Buvons donc le vin rigolo,
> Blanc le matin, rouge à la brune.
> Qu'il fasse (nous souffrons de l'eau)
> Clair de soleil ou clair de lune.
> Hydropathes, chantons en chœur
> La noble chanson des liqueurs

Salis, gentilhomme cabaretier, sosie de Déroulède, cheveu ras, sourcil touffu, nez de rapace, arrogance impériale d'un demi-solde périmé, redingote haut boutonnée, as de la parade, du boniment et de l'imprévu, régnait sur ce petit monde avec bonhomie. Sa spécialité était le chemin de croix enluminé. Il négociait au tarif de quinze francs la douzaine des images pieuses pour un marchand de la place Saint-Sulpice.

Ce baron de vaudeville avait le bagou du bonimenteur : « Dieu a créé le monde, Napoléon a créé la Légion d'honneur, moi j'ai fait Montmartre. » L'esprit en cet espace n'était ni prétentieux, ni servile, ni sectaire.

Maurice Donnay se la coulait douce : « Nous ne pensions pas à la guerre, ni au bolchevisme ; nous ne pensions qu'à l'amour. »

On s'amusait fort au Chat noir, et même les habitués en prenaient pour leur rhume. C'était : « Tiens, t'es finalement sorti de prison » à l'un, et « Qu'est-ce que t'as fait de ta poule d'hier ? » à un nouveau client visiblement accompagné de sa femme.

On raconte même qu'un soir, le futur roi Édouard VII, s'étant aventuré dans son établissement, y fut reçu par ce joli discours : « Et bien regardez-moi celui-là : on dirait le prince de Galles tout pissé ! »

Claude Debussy dirigeait un « chœur frénétique » de jeunes braillards caféinomanes. Paul Verlaine parlait gravement à de troublantes muses horizontales de son mari Rimbaud « parti pour les Égyptes »... On constate alors combien ce prodigieux athanor fut tour à tour à la fois blagueur, tendre, naturaliste, réaliste, idéaliste, cynique, lyrique, fumiste, mystique, chrétien, païen, anarchiste, chauvin, républicain, réactionnaire, tous les genres étaient acceptés, sauf le genre ennuyeux. Sur le calicot d'entrée, on pouvait lire : « Littérature de premier ordre. Consommation de premier choix. »

Le tapage et la publicité que Salis fit autour du nom du Chat noir, son baratin mais aussi la qualité des œuvres qu'on y présentait, eurent tôt fait d'attirer la clientèle la plus huppée de Paris venue entendre les poètes et chansonniers qui s'y produisaient, mais venus surtout pour les plaisanteries et les bons mots qui y fusaient tous les soirs. Ponchon avait le nez rouge, Richepin le nez mauve, Xanrof le nez arc-en-ciel.

Des bagarres éclataient de manière endémique entre les aficionados du cabaret et les souteneurs en casquette. Le Chat noir, décidément trop à l'étroit boulevard Rochechouart (bien que par des procédés détestables Salis et ses acolytes aient contraint l'échoppe voisine d'un petit horloger à leur donner les clés), s'exile en grande pompe et vient s'installer 12 rue de Laval (qui devient peu après rue Victor-Massé). Transfert de peu d'amplitude mais de grand tapage.

Ce déménagement est cependant retardé d'une semaine pour cause d'obsèques nationales de Victor Hugo. Aristide Bruant reprendra le local du boulevard Rochechouart et y créera son propre cabaret, Le Mirliton.

« Le second Chat noir allait être au premier ce qu'est un persan à un chat de gouttière. » Salis en profite pour lancer en même temps et sous le même titre un hebdomadaire. Alphonse Allais en deviendra le rédacteur en chef en 1886. Ses appointements se montent alors à un paquet de tabac par mois (les allumettes restaient à sa charge).

Luttant contre un penchant taciturne, Alphi participe de bonne grâce à cette effervescence sensorielle, cotise à tous les clubs insolites, toutes les fratries échevelées, d'un air dégagé et bonhomme. À la même époque, il collabore aussi au *Faucon noir*, au *Courrier français*, à la *Jeune Belgique*... D'aucuns le décrivent tel un furieux papivore, les doigts noircis d'encre et l'œil fripé par la relecture de la copie...

De cet aimable fourbi culturel, régisseur avisé, il feint d'organiser le chaos avec une attention bougonne. Un jour, un jeune poète se présente timidement à lui, se plaignant d'avoir égaré la veille un manuscrit dans les locaux du cabaret. « Vous arriverez jeune homme, vous arriverez », déclare Allais avec son flegme coupant comme un surin. L'autre le regarde éberlué. Alphi achève sa pensée. « Vous arriverez parce que l'avenir est à qui perd ses vers ! »

Pendant ces temps de bohème débonnaire, officiait son ami Georges Auriol, un baron à l'anglaise dont l'activité principale consistait à sauter sur le passant dans la rue, à l'encapuchonner avec sa serviette et à ramener triomphalement le prisonnier dans l'enceinte du Chat noir sous les hourras des convives.

La seule chose qu'A. A. avait appris pendant son pitoyable service militaire où il fut tire-au-flanc trois étoiles, ce fut à battre le tambour. Cela lui servit dans les coulisses du théâtre d'ombres. Il est un « rouleur » émérite. Allais excelle dans son rôle de cicérone en jaquette, de dandy *modern style,* la moustache blagueuse, le regard loustic, avec son masque de marbre panaché d'airain, sa placidité amidonnée propre à refroidir le Gulf Stream.

Il mettait au point ses derniers contes devant les tablées de ses amis, notait les réactions de ce public improvisé, puis s'isolait pour écrire d'un trait une histoire qu'il connaissait déjà par cœur.

Quand il quittera les lieux, jamais plus ce ne sera la même chose. L'âme du gîte aura déserté.

Il regarde avec bienveillance les gesticulations de Zo D'Axa, Émile Pouget et Darien. Quand les attentats se multiplient dans la capitale, lui augmente au fil, non pas du rasoir, mais de ses textes, la proportion de génocides sur le papier : curé, adjudant, concierge, altesse passent à la trappe avec un bel entrain.

Les anciens communards, Jules Vallès en tête, jugent sans indulgence ces fêtes frivoles et décadentes : « Pendant que vous chantez le bleu, les autres broient du noir... Tas de pitres en redingote... Au-dessus de votre art, il y a la question sociale ! »

Une page se tournait.

Sous la baguette de ses deux fées, l'Indépendance et la Fantaisie, Le Chat noir allait vivre ses dernières saisons d'euphorie, loin de toute prétention, de toute servilité, de tout sectarisme.

Chaque fin de siècle a les creusets artistiques qu'elle mérite. Il y a cent ans ronronnait avec délice Le Chat noir dans le choc des mots et le heurt des idées. Aujourd'hui, nous avons les disques de Florent Pagny, les clips de Mylène Farmer, la tisane tricolore d'Yves Duteil, la téléréalité sous cellophane et le karaoké sur les bateaux-mouches. Tudieu ! Ventre-saint-gris ! On détruit le Tabou sans sourciller. La Rose Rouge se transforme en parking.

Dur de ne pas être passéiste !

O comme OLORIME (vers)

Une des spécialités ludiques d'A. A. était le distique olorime, c'est-à-dire un poème composé de deux vers seulement, et qui rimaient exactement entre eux. Mais si le son était le même, le sens, lui, était bien différent ! Exemple :

> Alphonse Allais de l'âme erre et se fout à l'eau
> Ah ! l'fond salé de la mer ! Hé ! Ce fou ! Hallo !

Ce curieux exercice demande au lecteur de recruter toute sa bienveillante attention. Si Alphonse Allais accouchait du vers olorime comme on se gratte le nez, avec une déconcertante facilité, l'ordinaire des bipèdes doit redoubler de vigilance. Nouvel échantillon :

> Par ses charmes, appas, ris, et du Pacha beauté
> Parsé charma Paris et dupa chat botté !

Pour agrémenter le propos, chacun peut imaginer une définition très sérieuse pour justifier en apéritif ce périlleux dérapage syntaxique. Ainsi cette proposition folichonne d'un peintre un peu loufoque qui voulait entraîner une jeune femme dans des cryptes, à seule fin de lui peindre le dos avec de la couleur verte :

Je dis, mettons, vers mes passages souterrains
Jeudi, mes tons verts, mais pas sages, sous tes reins

ou bien, un grand seigneur anglais se guérit du spleen par l'exercice en plein air :

Sir Eveill – il paraît –, chasselas détraqué,
Se réveille ! Il part et chasse, las d'être à quai.

L'affaire se complique, gémissez-vous. L'objectif devient nébuleux et les moyens abstrus. Revenons brièvement à une fable plus élémentaire, « Le Bœuf à la vache » :

D'où te vint
L'air boulot ?
L'herbe ou l'eau ?
Doute vain.

Ô Seigneur !
Quelle panse !
Qu'elle pense
Au saigneur.

Réponse de la vache :

J'ai mi-soûle
Gémi sous le

Faix nouveau.
Aide ! Grâce !
Et, de grasse
Fais-nous veau.

Vous froncez les sourcils. Pour le coup, vous trouvez maintenant la morale un peu courte. Nous ne voulons surtout pas vous laisser sur une mauvaise impression. Revenons à un distique olorime plus classique, aux atours mieux ciselés :

Aidé, j'adhère au quai. Lâche et rond, je m'ébats
Et déjà, des roquets lâches rongent mes bas.

Terminons en apothéose par le chef-d'œuvre allaisien en matière de vers olorime. Conseils à un voyageur timoré, qui s'apprêtait à traverser une forêt hantée par des êtres surnaturels :

Par les bois du Djinn, où s'entasse de l'effroi
Parle et bois du gin ou cent tasses de lait froid.

Toujours soucieux de pédagogie, Allais prenait soin d'ajouter en guise de chute cette remarque : « Le lait froid, absorbé en grande quantité, est bien connu pour donner du courage aux plus pusillanimes. »

« Le public est prié d'apporter sa bienveillante attention à ce curieux exercice. Ainsi que dans le cochon où tout est bon depuis la queue jusqu'à la tête, dans mes vers, tout est rime, depuis la première syllabe jusqu'à la dernière. »

Pour se détendre parfois, Allais compose quelques rimes riches à l'œil. Encore du nanan pour la rétine. De la frangipane pour les pupilles, même celles de la nation. Jugez plutôt :

L'homme insulté, qui se retient
Est, à coup sûr, doux et patient.
Par contre, l'homme à l'humeur aigre
Gifle celui qui le dénigre.
Moi, je n'agis qu'à bon escient :
Mais, gare aux fâcheux qui me scient !
Qu'ils soient de Château-l'Abbaye
Ou nés à Saint-Germain-en-Laye,
Je les rejoins d'où qu'ils émanent,
Car mon courroux est permanent.
Ces gens qui se croient des Shakespeare !
Ou rois des îles Baléares !
Qui, tels des condors, se soulèvent !
Mieux vaut le moindre engoulevent.
Par le diable, sans être un aigle,
Je vois clair et ne suis pas bigle.
Fi des idiots qui balbutient !
Gloire au savant qui m'entretient !

Le Sourire, 7 décembre 1901

Pour ne pas conclure, dans la boîte à outils d'A. A. citons encore la pensée autographe, et l'un de ses plus beaux fleurons. Une pensée autographe se distingue par le fait que la signature du supposé auteur constitue la chute indispensable de cet écrit.

Les exemples suivants feront jurisprudence :

Le soir, nombre de femmes pressées vont au trot

Thouars

Beaucoup de gens trouvent que M. Berthaud, l'honorable député du Calvados, n'est pas un adonis ; moi je ne trouve pas

Bertholet

J'ai toujours eu quelques réticences à jouer au jeu de hasard. Lors de ma dernière escapade à Deauville, mes pas me portèrent jusqu'au casino. Un sympathique croupier eut finalement raison de mes derniers scrupules en m'encourageant d'un tonitruant « N'ayez plus peur de tout

Allais A.

Le métier d'amuseur public oblige à noircir des multitudes de pages, ceci jour après jour. De cet emploi exagéré de la plume, on ne récolte que des cals

Embour.

L'oreille absolue, la virgule toujours bien placée en embuscade, virtuose de la digression volatile, un humour bouillonnant de magnitude 9 sur l'échelle de Richter, merci maestro Alphi pour ces civilités du langage, et encore chapeau !

P comme POÉSIE

Sous les giboulées de mars comme sous les crachins de septembre, Alphonse Allais est avant tout poète. Poète pur sucre, poète hors gabarit, poète sans papiers. Un style inimitable, flâneur, fluide, frais, mains-aux-poches, un chiendent entre les incisives. Rien dans la manière qui sente l'huile studieuse des lampes.

Un poète dont la modernité anticipatrice se fonde essentiellement sur le regard matérialiste qu'il sait porter sur l'épaisseur des mots. Il y a du laborantin là-dessous !

Vers néo-alexandrins, vers amorphes traduits du belge, vers sous hypnose, maboulies lyriques « autant faites pour jouer que pour communiquer », il courtise toutes les muses et s'esquive dans une discrète thébaïde sitôt qu'un effet s'annonce.

Il se plaît à dauber sur le lyrisme amidonné, en vogue à l'époque : « Alain Star de Meterlinque. »

Il ne s'attarde pas. Pas le genre à pavoiser. Il gribouille en guise de paraphe : « Halphon-Sallait. » Son seul souci : inaugurer.

« Il me semble que vos vers ont un pied de trop !

— Gardez, c'est pour boire à ma santé ! »

Expert en branlants châteaux de cartes phonétiques, orpailleur d'homophonies approximatives (« le curaçao Reischoffen »), de rimes faussement riches à l'œil, on ne sait chez lui ce que l'on doit louer le plus, de la logique parfaite de la calandre ou de l'éblouissante précision du mouvement d'horlogerie.

« Or, en 1809, nous prîmes Saragosse

Mais en 1900, nous vîmes Sarah gosse. »

Pas question de compartimenter ses dons et ses illuminations en vertu du principe que l'humour dans son ensemble ne comporte pas de cloisons étanches, comme sur la croisière inaugurale du *Titanic* où, d'ailleurs, elles n'ont servi à rien.

Dans son *Anthologie de l'humour noir*, André Breton situait l'imagination poétique d'Alphonse Allais « entre celle de Zénon d'Élée et celle des enfants ». Généreux éventail.

Il peut écrire sec comme un coup de trique. Ou pratiquer l'enflure à la manière d'un vélocipédiste regonflant sa chambre à air.

Grand rhétoriqueur, il fournit cet exemple de rimes riches exclusivement pour l'œil :

« Tout vrai poète tient

À friser le quotient

De ceux qui balbutient… »

Et puis parmi les joyaux de ce « conteur kilométrique », celui-ci, chronique nommée « Postes et Télégraphes », qui est en soi un morceau de poésie pure :

Je descendis à la station de Baisemoy-en-Cort, où m'attendait le dog-cart de mon vieil ami Lenfileur.

Dans le train, je m'étais aperçu d'un oubli impardonnable (véritablement impardonnable), et ma première préoccupation, en débarquant, fut de me faire conduire au bureau des Postes et Télégraphes, afin d'envoyer une dépêche à Paris.

Le bureau de Baisemoy-en-Cort se fait remarquer par une absence de confortable qui frise la pénurie.

Dans une encre décolorée et moisie, mais boueuse, je trempai une vieille plume hors d'âge et je griffonnai, à grand-peine, des caractères dont l'ensemble constituait ma dépêche.

Une dame, plutôt vilaine, la recueillit sans bienveillance, compta les mots et m'indiqua une somme que je versai incontinent sur la planchette du guichet.

J'allais me retirer avec la satisfaction du devoir accompli lorsque j'aperçus dans le bureau, me tournant le dos, une jeune femme occupée à manipuler un Morse fébrilement.

Jeune ? probablement. Rousse ? sûrement. Jolie ? pourquoi pas !

Sa robe noire, toute simple, moulait un joli corps dodu et bien compris.

Sa copieuse chevelure, relevée en torsade sur le sommet de la tête, dégageait la nuque, une nuque divine, d'ambre clair, où venait mourir, très bas dans le cou, une petite toison délicate, frisée – insubstantielle, on eût dit.

(Si on a du poil à l'âme, ce doit être dans le genre de cette nuque-là.)

Et une envie me prit, subite, irraisonnée, folle, d'embrasser à pleine bouche les petits cheveux d'or pâle de la télégraphiste.

Dans l'espoir que la jeune personne se retournerait enfin, je demeurai là, au guichet, posant à la buraliste des questions administratives auxquelles elle répondait sans bonne grâce.

Mais la nuque transmettait toujours.

À la porte du bureau, mon ami Lenfileur s'impatientait. (Sa petite jument a beaucoup de sang.)

Je m'en allai.

Ce serait me méconnaître étrangement, en ne devinant point que le lendemain matin, à la première heure, je me présentais au bureau de poste.

Elle y était, la belle rousse, et seule.

Cette fois, elle fut bien forcée de me montrer son visage. Je ne m'en plaignis pas, car il était digne de la nuque.

Et des yeux noirs, avec ça, immenses.

(Oh ! les yeux noirs des rousses.)

J'achetai des timbres, j'envoyai des dépêches, je m'enquis de l'heure des distributions ; bref, pendant un bon quart d'heure, je jouai au naturel mon rôle d'idiot passionné.

Elle me répondait tranquillement, posément, avec un air de petite femme bien gentille et bien raisonnable.

Et j'y revins tous les jours, et même deux fois par jour, car j'avais fini par connaître ses heures de service, et je me gardais bien de manquer ce rendez-vous, que j'étais le seul, hélas ! à me donner.

Pour rendre vraisemblables mes visites, j'écrivais des lettres à mes amis, à des indifférents.

J'envoyai notamment quelques dépêches à des personnes qui me crurent certainement frappé d'aliénation.

Jamais de ma vie je ne m'étais livré à une telle orgie de correspondance.

Et chaque jour, je me disais : « C'est pour cette fois ; je vais lui parler ! »

Mais, chaque jour, son air sérieux me glaçait et au lieu de lui dire : « Mademoiselle, je vous aime ! » je me bornais à lui balbutier : « Un timbre de trois sous, s'il vous plaît, mademoiselle ! »

La situation devenait intolérable.

Comme ma villégiature tirait à sa fin, je résolus d'incendier mes vaisseaux, et de risquer le tout pour le tout.

J'entrai au bureau et voici la dépêche que j'envoyai à un de mes amis :

« Coquelin Cadet, 17, boulevard Haussmann, Paris.

Je suis éperdument amoureux de la petite télégraphiste rousse de Baisemoy-en-Cort. »

Je m'attendais, pour le moins, à voir se roser son inoubliable peau blanche.

Eh bien, pas du tout !

De son air le plus posé, elle me dit ces simples mots :

— Quatre-vingt-quinze centimes.

Totalement affalé par ce calme impérial, je me fouillai (sans jeu de mots) pour solder ma dépêche.

Pas un sou de monnaie dans ma poche. Alors je tirai de mon portefeuille un billet de mille francs.

La jeune fille le prit, l'examina soigneusement, le palpa...

L'examen fut sans doute favorable, car sa physionomie se détendit brusquement en un joli sourire qui découvrit les plus affriolantes quenottes de la création.

Et puis, sur un ton bien parisien, et même bien neuvième arrondissement, elle me demanda :

— Faut-il rendre la monnaie, monsieur ?

Q comme QUOLIBET

Brocard, pique et raillerie à la boutonnière, l'humoriste rebondit de zinc en gargote comme une balle de Jokary. Selon l'humeur et les saisons, ses apostrophes se teintent de l'humour le plus rosse, le plus grinçant. Un peu comme lorsque l'usager absorbe un grand bol de gentiane, lorsqu'il arbore une langue saturée et un teint beurre rance, c'est amer mais ça purge. « Dire qu'il était nègre serait demeurer au-dessous de la vérité. On l'aurait reconnu dans des ténèbres à couper au couteau : il était plus noir que la plus épaisse des nuits. »

Le railleur peut se révéler franchement sadique avec l'emploi du « canular au sang » : « Avant-hier mon coupé a passé sur le dos d'une dame âgée et cela m'a produit une secousse bien désagréable. »

A. A. rémoule sans cesse ses noires galéjades avec ravissement. Un ami lui dit un jour avoir promené en Italie sa grand-mère aveugle.

— Pourquoi être allé si loin ? s'étonne Allais. À ta place, je l'aurais mise dans un train de ceinture et j'aurais prié un employé stylé de crier de temps en temps : Rome, Florence, Naples, Venise...

L'humoriste réchauffe ses gasconnades, les fourbit et les appointe avec ravissement. Il astique ses nasardes fulminantes à la peau de chamois pour s'en servir telles des banderilles dans l'arène, le moment venu.

« Si le fard enlumine les filles
Le phare illumine les mers »

Il est sans doute le premier ironiste à rire de tout. Absolument de tout. N'hésitant pas à rebondir sur un fait-divers macabre ou une catastrophe à la une pour tricoter une petite fantaisie macabre à sa façon. À propos d'un accident ferroviaire qui a fait plusieurs dizaines de morts, il écrit : « On ne sait plus quoi inventer pour amuser le monde ! »

Avec un siècle d'avance, il préfigure ce mot fulgurant de Pierre Desproges : « Oui, on peut rire de tout, mais pas avec n'importe qui. »

Une nuit, il se trouve sur le quai désert d'une gare. Il glisse deux sous dans un appareil distributeur de chocolats. À peine a-t-il saisi sa tablette qu'il prie un homme d'équipe d'aller en toute hâte chercher le chef de gare. On réveille celui-ci, qui arrive affolé, hirsute et en pyjama, devant cet empêcheur de dormir en paix.

— Monsieur, lui dit Allais, ces sortes d'appareils fonctionnent généralement mal, et l'on vous adresse les plus sévères reproches. Le vôtre marche admirablement et je tenais à vous en féliciter !

R comme RESSOURCE

Le pécule, le pognon, le pèze, Allais n'en a jamais eu beaucoup. La fraîche, le trèfle, l'oseille non plus. Il bouclait difficilement ses fins de mois. Quelle dèche, mon empereur !

Allais n'est pas un héritier. Il n'a jamais possédé de rente viagère. Ses ressources sont maigres, fluctuantes selon le bon vouloir de ses éditeurs. Ce pyrotechnicien du langage vivait « au jour la journée » grâce ou à cause des revenus fragiles que lui assuraient ses collaborations à différents journaux, les reproductions de ses contes drolatiques dans différents supports et les recueils annuels de ses « œuvres anthumes ».

Il publie chaque jour. Il a ses fidèles, ses inconditionnels qui achètent du papier régulier pour sa signature. Avec tant de talent, avec tant de compérage, comment n'est-il pas plus riche ?

À sa mort, il ne laisse pas un sou vaillant à sa veuve. Ce sont ses amis qui règlent ses frais d'obsèques. L'humoriste ne sait pas faire d'économie. Se passant aisément du nécessaire, il trime dans le but unique de subvenir à ses petites débauches. Celles que réprouvent l'étriquée morale républicaine. Mais ce n'est pas avec des jeux de mots à l'encan que l'on paye son absinthe, son loyer parisien, sa villa à Tamaris sur la corniche Michel-Pacha et les notes de frais des palazzi vénitiens en voyage de noces avec sa jeune épouse Marguerite. Sa compagne est dépensière, mais cela n'explique pas tout.

Dette de jeu, vice innommable, une petite lorette derrière les fagots, peu probable, il semble tout bonnement qu'Allais ne soit pas prudent.

A. A. ne cesse de demander des sous aux directeurs des journaux qui l'emploient, à ses amis, à sa mère. Cinq jours avant sa mort, il écrit à sa génitrice qu'il est fauché comme un champ d'épeautre. Un tapeur professionnel Alphi ! Mais il sait y mettre les formes. La missive quémandeuse devient même chez lui un genre épistolaire à part entière.

À l'attention de Lucien Guitry, il minaude : « Si une pièce de 50 louis n'était pas de nature à vous outrepasser, son envoi ici m'éviterait du tragique brusque. » En janvier 1892, il écrit à Ernest Flammarion sans desserrer les dents : « Je ne me suis pas beaucoup préoccupé de la publicité de mon prochain bouquin, mais je soignerai fortement celui-ci. Si on ne tire pas à 6 000 au moins, je me brûle la cervelle… Quant aux conditions, nous n'en avons pas parlé, mais ce sera, si vous voulez, vos conditions ordinaires, c'est-à-dire 50 centimes par exemplaire, payables à chaque tirage. Est-ce bien cela ? »

Un mois passé, il enfonce le clou : « Vous seriez gentil de faire le livre le plus tôt possible, car Chicago me tend les bras, et je voudrais bien ne pas partir sans l'avoir vendu à des mille et des mille exemplaires... »

Et encore un peu plus tard : « Merci pour les 150 balles. j'aurais préféré que la somme s'élevât à beaucoup plus, mais le sage doit savoir se contenter de peu... Voudriez-vous être assez gentil pour m'envoyer les 300 F de la petite pièce *Le Pauvre Bougre et le Bon Génie.* C'est demain le terme et je vais être terriblement dégraissé... »

Et Allais donc ! Elle est jolie la vie d'artiste !

Après une requête délicate, il aime souvent à prendre congé par cette formule : « Donnez-moi votre main que je la broie », et signe « Yours ».

En exergue de son recueil *À l'œil,* il lance cet avis au lecteur : « En dehors du plaisir que j'éprouve à embêter les mânes de Schopenhauer, je publie ce volume dans le but exclusif de me procurer quelques ressources. Je serai donc reconnaissant aux gens, non seulement de l'acheter mais encore d'en conseiller l'acquisition à leurs amis et connaissances. »

Il dore la pilule, ça il sait faire. C'est héréditaire. Face à la disette, il opte pour un mode de communication convivial. Sa fantaisie joue sur tous les tableaux : celui d'un monde implacable, celui d'une logique dévoyée, celui d'un langage narcissique. Dans la nécessité (il y a des chalets pour ça) Allais mène son affaire à vue, il déroule en roue libre, ponctuant la demande pécuniaire de pesants coups d'archet.

Pour la tranquillité de l'écrivain, pour la confiance de ses mots, de tout temps, l'argent est préférable à la pauvreté, ne serait-ce que pour des raisons financières. Mais là, c'est Woody Allen qui est à la manœuvre. Une fois n'est pas coutume.

S comme SATIE (Erik)

ERIK SATIE

À une décharge de chevrotine du berceau allaisien (comptez 366 pas de sénateur en goguette), au 88, rue Haute – on l'appelle ainsi du fait qu'elle est située au-dessus du niveau des marées –, naquit Erik Satie, pionnier de la musique moderne, ésotérique génie (« Esotérik Satie » selon le mot d'A. A.), mentor de Debussy et grand mystificateur devant l'Éternel.

Deux types atypiques à deux encablures ! Le même goût de la galipette et la même tentation des abysses. Un semblable mélange ambivalent d'humanisme et de misanthropie. On ne trouve guère pareil hasard objectif de cohabitation de géants sur le même trottoir qu'à Oignies, Pas-de-Calais, où, dans l'artère principale, ont vu le jour, presque à touche-touche, deux des athlètes français les plus remarquables de l'après-guerre : Michel Jazy et Guy Drut.

Mystère insondable des hasards de l'éclosion.

Il devait y avoir un nid d'humoristes dans le coin.

Orphelin de mère à 7 ans, Satie entreprend de profil des études superficielles de piano. Très tôt ses œuvres d'une grande économie harmonique, dans un style « plain-chant », dénotent son intérêt pour le Moyen Âge. « Je m'appelle Erik Satie comme tout le monde... et je suis venu au monde très jeune dans un monde très vieux. » Il s'engage auprès du « sâr » Péladan dans le mouvement de la Rose-Croix. Il fonde l'« Église métropolitaine d'art de Jésus conducteur » dont il sera le seul adepte. Il s'oppose en duel à Willy. Le père des *Gnossiennes* ferraille de partout.

Le créateur de la musique « d'ameublement » regarde peu les peintres et lit peu les poètes, il aime à vivre où la vie grouille, il profite d'une température, d'une ambiance. L'année 1887 fut marquée par la composition de sa première œuvre de quelque importance, *Les Trois Sarabandes*. Il commença aussi, en cette même année, à travailler comme pianiste au Chat noir, où il fit la connaissance du subtil et caustique Alphi, qu'il n'avait que soupçonné autour du Vieux Bassin. Leur côté « tendrement bourru et intelligemment corrosif » devait un jour les rapprocher. Mais pas trop. Il n'y eut jamais une grande affinité entre les deux hommes. Le musicien avait un caractère exécrable et ne supportait pas l'esprit facétieux d'Alphonse Allais. Satie est de douze années le cadet d'Allais.

> « Son engagement au Chat noir fut important pour lui : il gagnera sa vie, pendant de nombreuses années, comme pianiste de cabaret. En outre, ce travail aura une incidence sur la partie de sa production musicale. Il est assez curieux d'observer que cette période de sa vie soit aussi celle que l'on

> qualifie de mystique et gothique, en vérité si lointaine de l'esprit du cabaret, alors que l'influence de ce dernier ne devait se faire sentir que dans la désinvolture apparente de ses œuvres futures. »

Erik Satie, en raison de son caractère difficile, ne resta pas longtemps au Chat noir, qu'il quitta brusquement sur une saute d'humeur. Il continua pourtant ce genre d'activité au gré des rencontres. Peu après, il trouva une place de pianiste dans un autre cabaret, L'Auberge du Clou, où il resta plusieurs années et fit, en 1891, la connaissance de Debussy. Lassé des critiques qui l'accusent d'amateurisme, à 40 ans, il s'inscrit à la Schola Cantorum pour travailler le contrepoint, la fugue et l'orchestration. Sa dèche légendaire, il la porte en panache. La musique qu'il produit s'avère de plus en plus minimale, archaïque, s'enlise dans une dérision qui semble vouloir conjurer, pour certains, une crainte de l'impuissance artistique.

« Quand j'étais jeune, on me disait : "Vous verrez quand vous aurez 50 ans. J'ai 50 ans… et je n'ai rien vu !" » En 1925, drapé dans son ironie aigrelette, il succombe à une cirrhose hépatique.

Serait-ce là l'ultime avatar posthume de son humour dévastateur ? A-t-il laissé des instructions à ses proches afin de divulguer après sa disparition cette curieuse missive datée du 23 mai 1920 ? A-t-on affaire avec une séance de spiritisme ? Sapeck ou le Captain Cap sont-ils mouillés ?

En tout cas, cette lettre adressée du domicile du père des *Gymnopédies*, à Arcueil, au président de la République Paul Deschasnel en villégiature à l'asile de l'Haÿ-les-Roses en dit long sur son goût de la mystification.

Satie, frère en facétie d'Allais. Son clone musical en bizarreries. Info ? Intox ? Au lecteur de se faire sa religion. En tout cas, l'affaire fut exécutée en moins de temps qu'il n'en faut pour l'écrire.

Voici cet étrange document :

Mon bon Dèche

J'apprends qu'un cheminot nommé Radeau vous a trouvé marchant pieds nus en pleine nuit sur la voie ferrée en direction de Montbrison. Vous portiez un pyjama de soie d'un joli bleu canard. « Mon ami, ça va vous étonner mais je suis le président de la République française ! » avez-vous dit. « Et moi, je suis le pape ! » répondit du tac au tac l'employé des chemins de fer sans se démonter. Revenu à la maison, la femme du sieur Radeau vous trouva des pieds étonnamment propres et comprit qu'elle avait affaire à un personnage haut placé. L'alerte fut donnée. Comme c'est gai ! Comme c'est créatif ! Tout ceci est exquis, mon cher. Tout cela me ravit.

Je vous remercie de ces dernières frasques, elles ne sont pas tombées dans l'oreille d'un sourd. Vous êtes de la famille. Vous êtes des nôtres. Un frère, que dis-je, un clone. J'ai hâte de vous serrer dans mes bras.

Vous me semblez être un partenaire de choix. J'aime les présidents dérangés. Je vous vois d'ici exécuter sur mes perles sonores quelques arabesques orientales dans votre pyjama bleu en soie. Quelle allure ! Quel spectacle, mes aïeux !

On me dit aussi qu'on vous a vu presque nu en train de vous baigner dans une des pièces d'eau du château de Rambouillet. On me dit encore que vous aimez à signer sous le nom de « Napoléon » les lois qu'on vous propose de promulguer. On me dit toujours que chaque matin vous faites le tour de la place de la Concorde en habit de ramoneur tout en traînant une bûche au bout d'une ficelle. On me dit enfin que vous avez accueilli une délégation diplomatique africaine sur le perron de l'Élysée en scaphandre et ceint de votre écharpe de grand-croix de la Légion d'honneur.

Quelle classe ! Décidément vous êtes un maître, Paul. Je m'incline. Phénoménal bonhomme, vous êtes énorme ! Moi aussi j'adore les décorations. J'ai hâte de vous faire écouter mes dernières peccadilles elliptiques et autres ariettes bureaucratiques, les *Trois Valses siphonnées du président pyjama* que j'ai spécialement composées à votre intention. Je vous ferais profiter aussi de quelques trognons de « Relâche » sur un argument de Picabia. Picabia ! Il vous plaira l'ami Francis, il se déguise chaque jour en homme pour n'être rien. Pardonnez-moi si je ris déjà sur papier, c'est sans le faire exprès. Le piano, c'est comme les chèques, ça ne fait plaisir qu'à ceux qui les touchent.

Vous venez temporairement, paraît-il, de quitter vos fonctions. Histoire de respirer un peu. Millerand vous remplace. Bravo. Vous allez avoir du temps libre. Le music-hall compte sur vous.

Le club des saugrenus, dont je suis vice-président, vous tend les bras.

Je regretterai toujours de ne pas avoir eu le temps de monter un numéro de cirque avec votre prédécesseur, l'exquis Félix Faure et sa célèbre pompe funèbre.

Vous, je ne vous lâcherais pas. Quand un officiel se montre peu conventionnel, c'est sans concurrence. Vous avez un potentiel comique hors pair, croyez-en un professionnel de la dérision. Quelques leçons de solfège, des cours de chant à la Schola Cantorum et vous serez fin prêt. Nous pouvons faire un joli duo, mon bon, Deschanel-Satie en lettres d'or sur le fronton de l'Alhambra, ça en jette non, vous aux entrechats ferroviaires, moi au clavier du bizarre. Rodolphe Salis au Chat noir vous veut déjà, L'Auberge du Clou vous attend.

Nous avons tous les deux l'instinct des bonnes auberges, des dames perdues et des embryons desséchés. Nous sommes des êtres simples, Paulo, vous permettez que je vous appelle Paulo. J'ai le sentiment de vous connaître depuis la nuit des temps.

Dès demain, je peux vous héberger dans ma chambre-placard d'Arcueil, certes ce n'est pas le grand confort, l'eau est chez le voisin, mon foie est gros, mais on se poussera. N'ayez pas peur, cher président toqué, vous qui viviez en famille et parmi vos ministres, ma solitude est parfois effrayante. Je vous montrerai ma collection de nougats et de chapeaux melons. Je vous immergerais dans ma musique mollusque d'une si grande économie harmonique, vous deviendrez vite le ludion de mes octaves demi-mondains.

Ne faites pas attention, vous aurez peut-être de la peine à me reconnaître car j'ai laissé pousser mes paupières.

Nous sommes tous deux de doux médiévaux, nous entrons dans le temps du dérisoire gothique, très cher Dèche, et vous allez en être le prince scénique aux atours abolis. Emmitouflé dans votre sourde goguenardise, une grande carrière de Frégoli zigoto minimal vous attend. Allez, soyons droits dans nos babouches, nous devons être exigeants jusqu'à la fin.

Dans mes dernières pièces froides instantanées, je viens d'intégrer de nouvelles sonorités : sirènes d'ambulance, coups de revolver, machines à écrire, j'aimerais associer maintenant le froissement du pyjama de soie en rase campagne dont vous êtes l'incontesté spécialiste.

Ne tardez pas, Paul. J'ai hâte.

Votre dévoué, l'insatiable Esotérik.

T comme TERRASSE

À l'écart des bouleversements politiques, des convulsions gouvernementales, des orages populaires, il n'y eut jamais de révolution capable d'influencer les assises d'un café. L'estanco est un endroit unique au monde. Propice au bon mot et à la rêverie.

Il semble bien que les prémisses du rire moderne se situent d'ailleurs à la terrasse d'un café enjuponné de fumée.

La terrasse de café remplace tous les théâtres en plein air conçus pour amuser le badaud. « J'ai toujours eu l'amour des terrasses de café, et la conception la plus flatteuse du paradis serait, pour moi, une terrasse de café d'où l'on ne partirait pas. » L'énonciateur de cet incontournable adage est un quidam assis à son guéridon, devant son absinthe sans eau et qui s'imprègne de son environnement comme une éponge de mer. Il meurt souvent de soif. Il est vrai qu'un humoriste se déshydrate plus vite que son semblable. Il a des yeux tout autour de la tête.

Écoutez murmurer les sources des terrasses. C'est un bruissement de jeunes héritières, d'ombrelles, de chiens de manchon, de fiacres et de charme confus.

> — Nom d'un chien la belle fille !
> — Quel dommage que ce soit une honnête femme !

Vous seriez debout, bras ballants au milieu de la chaussée, tout ceci vous échapperait. Pour voir passer la vie, il faut savoir s'asseoir en bordure de rue et se laisser mener par le bout du nez. Un petit marquoir demandé prestement au barman, et hop ! le petit métro émotif s'ébranle. Dans tous ses textes ou presque, Alphonse Allais fait figurer la terrasse choisie d'un tournebride ou d'un bouchon comme scène privilégiée de son petit théâtre de poche. La joie d'être assis, sans contrainte, tête errante, neurones à l'affût, sans être obligé de s'intéresser à rien, mais en étant prié de se soucier de tout.

Dans « En bordée », conte issu du recueil *À se tordre*, on peut lire : « Heureusement, la Providence, qui veille à tout, a saupoudré les bords de la Seine d'un nombre appréciable de joyeux mastroquets, humecteurs jamais las de gosiers desséchés. Raoul et ses hommes absorbèrent des flots de ce petit argenteuil qui vous évoque bien mieux l'idée du saphir que du rubis et qui vous entre dans l'estomac comme un tire-bouchon. » Et un peu plus loin : « De bocks en fines champagnes, de fines champagnes en absinthes-anisettes, d'absinthes en bitters, on arrive tout doucement à sept heures du soir. »

Ce travailleur intarissable aime se fondre dans la foule à la bonne franquette et réchauffe sa quarantaine congénitale sur les chaussées trépidantes. Il a la bougeotte. Il rédige ses contes hebdomadaires dans les buffets de gare. « Mon home, c'est mes malles ! »

Allais n'a pas écrit que sous les patios réputés des boulevards parisiens. À Honfleur aussi, dans la charmante Ferme Saint-Siméon rendue célèbre un siècle plus tard par Françoise Sagan, à Tamaris encore où il loue pour l'été la villa « Primevère ». Jeune, il aimait le moment où les saisons battent leur plein. En vieillissant, on apprend à apprécier les époques intermédiaires, les mois qui n'arrivent pas à se décider.

Les soirs d'automne sentent la feuille mouillée. On entend le fracas des omnibus aux roues ferrées. Les cochers de fiacre font claquer leur fouet dans l'air humide. De petites cocottes relèvent d'un poignet frêle le poids de leur jupe en enjambant le ruisseau.

Cachez ce zinc que je ne saurais voir !...

Aussitôt qu'il dispose d'un peu de temps, il se poste en faction, histoire de scruter ses contemporains, croquer l'immédiat voisinage dans des compositions mêlées d'épopée, de bière et de pipes. Le regard impitoyable d'Alphi ne connaît pas le chômage. Toujours sur le qui-vive. Toujours à épingler un petit détail, un tic, un rictus.

Même sur l'impériale de l'autobus, il observe les scènes d'intérieur des premiers étages...

Juste, désinvolte, précis, presque toujours sur du papier à lettres, aussitôt qu'on lui essuyait la table sous les coudes, il confectionnait maille à maille ce qui allait devenir le plus grand manteau naturel de facéties pure laine *made in french* littérature. Une cascade de trouvailles, des colères judicieuses, des expressions inédites qui se découvrent d'un chapeau haut de forme, un style qu'on dirait né de la dernière rosée. À le lire, « on voyait soudain la terre de côté, ainsi qu'en aéroplane on la voit de haut », disait Capus. Visionnaire, précurseur, prophète, Allais tétait les racines de gaz des promenoirs des grands cafés. « Je suis oiseux, voyez mes ailes. » Sa boisson d'autant plus fraîche qu'exposée au Nord.

Modeste sur la nature de ses propres productions, il blaguait à la cantonade, vérifiait de nouvelles facéties sur un convive, ne faisait jamais aucune allusion aux dizaines de feuillets qu'il expédiait régulièrement aux journaux. Son voyage immobile continuait dans ces zones de vermouth, de mêlé-casse et de petits marcs où commence la lutte des schlasses.

Il faut dire que parfois, à certaines heures du soir, c'est toute la poésie moderne qui s'échoue dans certains bars.

— Remettez-nous ça ! Pas plus haut que le bord !

Dans la frange du flux et du reflux, ça cancane, ça cacarde, ça caquette, la terrasse est son gabion, son salon, son donjon, son édredon aussi, son cabinet de travail, son Jockey-Club, son gueuloir où il teste ses saillies auprès de belles grappes d'amis réunis autour d'un dernier casse-poitrine. Les bouteilles sont au garde-à-vous sur les rayons de verre. Ah ! la convivialité d'une plaisante bouteille, pourvu qu'elle soit dégustée avec des personnes attentives !

Dans la politesse secrète des cafés, l'humoriste sait prendre possession de son domaine privé, comme la tour d'ivoire de ceux qui sont sans feu ni lieu, s'égaye de son addiction auprès du patron massif aux biceps de bœuf et prend à contrepied les esprits chafouins et paternes : « J'abhorre la vie de café, car si je considère le temps qu'on passe dans ces établissements comme autant de dérobé à l'étude et à la prière... »

Timide et tendre, ni aigri ni rancunier, A. A. est un homme d'amitié plus que d'amour. Chez lui, ce sont les mots qui badinent en fraternelles agapes. Les vocables tracent le cadastre du désir, du marivaudage, dans les infinis vertiges d'une création par prestidigitation. Le corps reste en retrait. Le passage à l'acte – une forme de terrorisme sexué – se fait à la chute, si l'on peut dire. C'est là même que le texte d'Allais bande, littéralement.

Sur ces banquettes couleur de diligence, l'humoriste aime à proférer des énormités avec un aplomb immense. Impénétrable, il ne parle que par effraction, écoute avec de grands yeux emplis de feinte candeur.

Énigmes ambulantes maquillées en frasques d'anti-Don Juan, les aventures amoureuses d'Alphi tournent court. Les femmes n'aiment pas trop les icebergs qui sourient.

Hormis *Le Captain Cap, ses aventures, ses idées, ses breuvages*, qui est une batterie de cocktails à la gloire des caboulots de France et de Navarre, les exemples de fabliaux suscités par une station prolongée en terrasse de boui-boui tabagique et autre tripot improbable abondent dans l'œuvre d'A. A.

En voici un bel exemple, description d'un lieu obsolète, un rien balzacien, dans le conte baptisé « Ironie », publié pour la première fois dans *Le Chat noir*, le 1er mars 1885. Ce qui ne rajeunit personne.

> C'est dans un estaminet du plus pur style Louis-Philippe.
>
> Il est difficile de rêver d'un endroit plus démodé et plus lugubre.

Les tables, d'un marbre jauni, s'allongent, désertes de consommateurs.

Dans le fond, un vieux billard à blouses prend des airs de catafalque moisi, et les trois billes (même la rouge), du même jaune que les tables, ont des gaietés d'ossements oubliés.

Dans un coin, un petit groupe de clients, qui semblent de l'époque, font une interminable partie de dominos ; leurs dés et leurs doigts ont des cliquetis de squelettes. Par instants, les vieux parlent, et toutes leurs phrases commencent par : « De notre temps… »

Au comptoir, derrière des vespétros surannés et des parfait-amour hors d'âge, se dresse la patronne, triste et sèche, avec de longs repentirs du même jaune pâle que les tables et les billes de son billard.

Le garçon, un vieux déplumé, qui prend avec la patronne des airs familiers (il doit être depuis longtemps dans la maison), rôde comme une âme en peine autour des tables vides.

Alors entrent trois jeunes gens évidemment égarés.

Ils sont reçus avec des airs hostiles de la part des dominotiers et du garçon. Seule la dame du comptoir arbore un vague sourire, peut-être rétrospectif.

Elle se rappelle que, dans le temps, c'était bon les jeunes gens.

Les nouveaux venus, un peu interloqués d'abord par le froid ambiant, s'installent. Soudain l'un d'eux s'avance vers le comptoir.

— Madame, dit-il avec la plus exquise urbanité, il peut se faire que nous mourions de rire dans votre établissement. Si pareille aventure arrivait, vous voudriez bien faire remettre nos cadavres à nos familles respectives. Voici notre adresse.

U comme UTOPIE

Utopie aujourd'hui, chair et os demain ! Rien de tel que le dogme pour enfanter le rêve.

Une curieuse conjonction de planètes permit à Arthur Rimbaud et Alphonse Allais de naître le même jour : le 20 octobre 1854. L'un à Charleville, l'autre à Honfleur. « On n'est pas sérieux quand on a dix-sept ans », proclamait le poète aux semelles de vent, cependant que Charles-Alphonse s'éloigna toute sa vie de la plus élémentaire sagesse. Gamin très sensible et réservé, il se promettait quand il serait grand « de chercher un truc pour qu'il n'y ait personne de malheureux ».

Ce dictame altruiste, cette grâce pour atténuer le poids des tourments de ses contemporains, Allais l'a trouvé à l'âge adulte avec cette manière printanière et rien qu'à lui d'utiliser la drôlerie des mots et des situations pour lutter contre la bêtise prudhommesque et la polichinellerie de la politique ambiante.

Sa venue au monde correspondit également à celle de l'éclairage au gaz, était-ce une raison suffisante pour avoir d'emblée de brillantes idées ? Dès son premier landau, il est contre tout ce qui est pour, et pour tout ce qui est contre, instituant avec un siècle d'avance les fondements d'une VIe république, celle des sélénites et des combattants du petit bonheur.

L'utopie est toujours une affaire d'aube, de lève-tôt ou de rêveurs éveillés. Et Allais ne dormait pas beaucoup.

Il commença précocement à collectionner des inventions d'une évidente actualité, ainsi les balayeuses municipales à rouleau de papier buvard pour assécher les rues après la pluie, une matraque cintrée pour frapper sur le dos des bossus, le porte-épingle servant de carte-lettre, les clochers d'église mobiles permettant de ne pas donner trop de renseignements topographiques aux armées ennemies, les water-closets ambulants, la canne à pêche avec pompe à bicyclette, la distribution d'air natal à domicile, le confort intime des trottoirs feutrés, le tire-bouchon branché sur la force motrice des marées, l'éclairage des routes par vers luisants, le dressage de moules comme joueuses de castagnettes, et autres exquises ingéniosités tels le cache-poussière pour sous-marins, la muselière en baudruche pour empêcher les escargots de baver sur la salade, le coton noir pour les oreilles des personnes en deuil, la casserole carrée pour empêcher le lait de tourner, la création d'une œuvre de bienfaisance pour les rimes pauvres et la terre battue, des prairies verticales permettant aux girafes de brouter plus facilement, des boulettes de bismuth pour constiper les mouches, un timbre-poste pharmaceutique précurseur de notre patch antitabac, un appareil à détacher la moutarde des parois des pots à moutarde, et l'impérissable aquarium à verre dépoli pour poissons timides. Ouf ! Quels rivages de la découverte chahuteuse n'a-t-il pas abordés ?

Alphonse Allais souscrit pleinement à cette citation dont, une fois n'est pas coutume, il décline la paternité : « La Terre n'est pas un héritage de nos parents, elle est un emprunt que nous faisons à nos enfants. »

A. A. fait aussi campagne pour la création d'un championnat du monde cycliste du millimètre lancé et pour le prolongement de la rue Trudaine jusqu'à l'Étoile.

L'utilisation des énergies perdues n'est pas oubliée, tel le mouvement oscillatoire du bras gauche chez les troupes en marche.

En parcourant *Le Sourire* du 15 février 1902 (ce que tout bon citoyen se doit de faire au moins une fois durant son existence), on s'aperçoit qu'Alphonse Allais a déjà imaginé les écrans de pub télé en se disant qu'il serait plus judicieux, au lieu de faire défiler les gens devant les affiches, de faire défiler les affiches devant les gens : « Confortablement assis dans un fauteuil, vous aurez devant les yeux, non plus la glace traditionnelle, mais l'ininterrompu défilé de mille réclames diverses. »

Son plus fameux trait imaginatif, bien sûr, face à l'exode rural, est d'installer les villes à la campagne. Quel homme politique, urbaniste assermenté ou professeur émérite n'a-t-il pas au moins une fois dans sa carrière glissé sans sourire cette saillie dans un de ses discours ?

Dans un élan autant patriotique que pacifique, l'humoriste propose de construire des navires de guerre cuirassés non de plaques d'acier, mais de miroirs, afin que les officiers de la marine ennemie, voyant le reflet de leurs propres bâtiments dans ces miroirs, refusent le combat devant une flotte au moins aussi puissante que la leur.

Il prône le renversement de la tour Eiffel et sa transformation en eau ferrugineuse, une équation poétique issue des mouvements furtivo-momentistes de Montmartre. Avec, et c'est le cas de le dire, cerise sur le gâteau : aplatissement de la Butte. Au cas où cette mesure serait trop coûteuse, surélévation de Paris !

Sans oublier de déplacer l'équateur afin de réchauffer les calottes polaires.

Nombre de ces bravoures inventives auraient pu être signées Gaston de Pawlowski (1874-1933), sorte de Buster Keaton docteur en droit et orfèvre ès trouvailles loufoques. Ce doux énergumène déposa les brevets du boomerang qui ne revient pas pour éviter tous risques d'accident, des étiquettes cintrées pour bouteilles, de la nouvelle baignoire à entrée latérale qui évite aux personnes âgées de trop lever la jambe. Il préconisa les tribunes mobiles qui permettent aux spectateurs de mieux suivre les courses hippiques, l'automobile qui se replie entièrement dans son coffre arrière, le nouveau fil à plomb à tige rigide pour lutter contre l'interminable balancement... Il milita encore pour la passoire à un seul trou, le vibromonfrère électrique remplaçant avantageusement le vibromasseur, il conseilla enfin aux scieurs de long de se transformer en scieurs de large, dans le but avoué de diminuer la besogne.

Pawlowski et Allais, frères de lait, même combat !

Et pendant ce temps-là, Mallarmé ne cessait d'évoquer son « Utopie », que bien entendu il n'écrira jamais.

Dans sa sphère privée, Allais se montre collectionneur. Il thésaurise pêle-mêle une tasse avec anse à gauche pour les gauchers, le crâne de Voltaire enfant et un véritable morceau d'une des nombreuses fausses croix authentiques de notre Seigneur Jésus-Christ. Il s'intéresse aussi, le plus sérieusement du monde, à la photographie en couleur, à la synthèse du caoutchouc et au café soluble par lyophilisation, pour lequel il déposera un brevet.

Alors que Étienne-Jules Marais présente les premières images de cinéma avec la chronophotographie où chute inlassablement un félin domestique, Allais fait des gorges chaudes. Comme tous les hommes de sciences, il sait ce que veut dire l'envieuse rivalité, la course au brevet : « Ah ! on ne s'embête pas à l'Académie des sciences ! Je vous donne en mille à quoi ces bougres-là passent leur temps au lieu de travailler ! Ce devrait être follement cocasse de contempler tous ces vieux types se demandant gravement comment les chats font pour retomber sur leurs pattes, quand on les laisse choir de 1,50 mètre... »

Avec lui, l'utopie devient prophétie, fertile et mobilisatrice. L'avenir peut attendre.

Mais c'est dans la manière, le style, qu'il invente encore le mieux. Le style, son obsession. Comme Flaubert. La forme n'est pas un manteau jeté sur la chair de la pensée, c'est la chair de la pensée elle-même. Tout, en art, dépend de l'exécution. L'histoire d'une puce peut être plus belle que celle de Cléopâtre.

Allais ne se fâche jamais. Il ne prend point part aux conflits qui divisent ses contemporains. Seul le style le retient. Quand il parcourt une affiche électorale, c'est pour traquer une coquille.

Sans la nommer, voici sa dernière découverte :

> Figurez-vous une étoffe... soie, alpaga, ce que vous voudrez... taillée en rond et tendue sur des tiges en baleine. Toutes ces tiges sont réunies au centre, autour d'un petit rond de métal qui glisse le long d'un bâton, comme qui dirait une canne.

> Quand il ne pleut pas, les baleines sont couchées le long du manche avec l'étoffe... Dans ce cas-là, vous vous servez de mon appareil comme d'une canne.
>
> Crac ! Il pleut !... Vous poussez le petit étui le long du manche... les baleines se tendent, l'étoffe aussi... Vous interposez cet abri improvisé entre vous et le ciel, et vous voilà garanti de la pluie.

Rien ne réjouit tant Allais que de mettre les pieds dans ses deux plats favoris : l'Infini et l'Absolu.

La magie du mot n'est-elle pas la meilleure tête chercheuse ? Un monde sans fausse note, c'est une utopie qui chante. Avant lui, Rabelais et Voltaire, de son temps Charles Cros, Jules Verne ou Louise Michel, plus tard Groucho Marx, Pierre Dac ou Pierre Desproges n'auront pas eu d'autre conviction.

V comme VIKING

« Pourvu qu'on le laissât tranquille, rapporte sa sœur Jeanne Leroy-Allais, pourvu qu'on ne le contraignit pas à faire ce qui lui déplaisait, il tenait les gens quittes de leur considération. Personne n'eut à un tel degré, non pas le mépris, ni même le dédain, mais l'insouciance de l'opinion. » À Honfleur, sur le quai de la Lieutenance, le jeune Allais se plaît en la compagnie de la cohorte des humbles, des petits va-nu-pieds, des gamines aux visages barbouillés. Sur la ligne d'horizon, il songe aux cap-horniers, aux affoleurs de méridiens, aux détrousseurs de continents. Ces mâles aventuriers partis pour la conquête du Pérou, de la Terre-Adélie, du Tanganyika ou d'ailleurs. Lui n'aura pas de chalutier, de navire Argo ni même de périssoire. S'il emmènera plus tard les gens en bateau, c'est grâce à la seule vertu de ses mots, abrasifs et déroutants.

Garçon bien découplé, large d'épaules, teint coloré, avec une chevelure blonde extrêmement abondante, les lèvres charnues, des mains de pianiste, il attire la sympathie. En prenant de l'âge, et de la bouteille (plutôt millésimée), avec sa bouille rubiconde pour étiquette de vieux calva, flanqué de sa rude et rustique charpente normande, A. A. avait vraiment l'apparence et l'allure d'un de ces Vikings à la retraite dont le drakkar a parcouru toutes les mers avant d'être remisé au musée du large.

Peut-être gardait-il la nostalgie d'une carrière de cap-hornier, car cet auteur répertorié « drôle » était comme tous les grands faiseurs de rire depuis Aristophane jusqu'à Coluche, en passant par Grock et Buster Keaton, un triste, un pessimiste et un contemplateur affligé de la stupidité foncière des êtres et des choses.

Adieu bocaux, potions, sinapismes de l'officine familiale ! Paris l'envoûte. La vie insouciante de la capitale le prend dans ses bras. Ses spectacles, ses brasseries, les conversations à travers la fumée bleue des pipes. Ah ! l'espièglerie de ces petites feuilles éphémères auxquelles il commence à collaborer ! Ô, la fraîcheur des jeunes passantes bien poumonées sur le macadam des boulevards !

Comme ces mythiques navigateurs et marchands des pays scandinaves, vers lesquels son esprit avait tant bourlingué sur les bords de l'estuaire de la Seine, il remonte maintenant le cours des conventions et des conformismes, ainsi qu'on entreprendrait une expédition maritime à la conquête d'une toison bronzée.

L'humoriste aime à porter un pantalon à carreaux plus conforme à l'allure d'un bonimenteur que d'un clergyman à laquelle ses amis l'ont souvent associé. Exigence morale d'être strictement vêtu, surtout quand tout va mal. Politesse du désespoir, camaïeu du tweed et du chevron.

Un drôle de type dans le genre de Brummell, toujours nickel sur lui. Un drôle de type dans le genre Flaubert, toujours méfiant vis-à-vis de la République. Un drôle de type dans le genre de Richard Wallace, toujours le cœur sur la paume. C'est dit, c'est promis, Alphonse Allais aura sa statue sur le quai Sainte-Catherine où il sera représenté en pied, le regard fondu dans l'éther, conquistador immobile de la raison déraisonnante.

W comme WAGON-BAR

Le wagon-bar ! Ce concept mobile et douillet à l'usage des dipsomanes ferroviaires qui s'ennuient ferme sous les caténaires a été inventé en 1906. Un an après la disparition d'Allais ! Quelle poisse ! Le wagon-poste, lui, date de 1856, et le wagon-lit de 1861 ; fort heureusement, l'humoriste a donc pu en profiter. Mais gageons que le wagon-bar aurait recueilli toutes ses faveurs !

Cette molle voiture d'acier, aux dodelinements post-prandiaux, aux remugles de malt, lui aurait été comme un gant de pécari.

À la manière d'une terrasse de café, le chemin de fer est un lieu privilégié pour ferrer la muse ou ce qui en tient lieu : une grosse voyageuse en robe à pois qui parle sans trêve, une lorette cachectique qui se cache derrière son mouchoir, une amazone mystérieuse dont les jambes ne mènent nulle part.

Séduit par le bruit et la vitesse de ces mastodontes de ferraille, renâclants, sifflants et suants, Jules Verne exulte. Claude Monet croque l'univers bruyant et vaporeux de la gare cathédrale moderne à l'impressionnante architecture de métal et de verre. Alphonse Allais, lui, se contente d'emprunter ce nouveau mode de transport. Il est un usager de la langue française comme il le sera du ballast tutélaire.

A. A. n'aime pas la campagne, sauf dans le chemin de fer, car elle va plus vite.

Nul doute que dans cet habitacle waterproof, cet amoureux des mots aurait connu le walhalla à y jouer au whist, échangeant quelque witz en début de weekend, en compagnie d'un wattman poids welter et d'une walkyrie wisigothe nommée Wilma flanquée d'un whippet autour d'un bon whisky de préférence à la williams ou au white-spirit, en traversant des champs de witloof peuplés de poules wyandottes en direction des watergangs wallons, et bientôt des wharfs de Westphalie, drôle de western sans winchester sous les cieux de wolfram qui s'effilochent comme de vieilles wassingues !

Parfois, de gare en gare, on s'égare.

« Cochon de chemin de fer ! Nous n'allons pas pouvoir garder l'équilibre ! », dans les *Onze mille verges ou les Amours d'un hospodar* (1907), Guillaume Apollinaire sait flatter le train et l'arrière-train. Alphonse Allais aussi semble connaître la « sidérodromophilie », excitation sensuelle procurée par le chemin de fer. Les trépidations du wagon, certes moins importantes aujourd'hui, ont souvent inspiré les amants, comme les écrivains. Quand ce n'était pas la même personne.

Une nouvelle de Guy de Maupassant montre une nourrice encombrée de sa lactation importante et qu'un voyageur soulage en la tétant. Bertrand Blier s'en souviendra dans une scène des *Valseuses.*

De manière moins turgescente, le compartiment de chemin de fer est pour A. A. une merveilleuse source de fureur poétique, d'inspiration cocasse. Un cocon brinquebalant où il peut camper à loisir les situations les plus extravagantes, en respectant les trois unités classiques.

« Un cas peu banal, nous semble-t-il », conte publié dans *Le Sourire* du 22 juillet 1905, un des derniers textes d'A. A., remplit à merveille cette fonction de diversion à l'impeccable mécanique absurde, le tout soutenu par le lancinant mouvement linéaire des boggies.

Oui, l'humour, c'est souvent du rail :

> Nous étions trois personnes dans le compartiment.
>
> Trois, pas une de moins, pas une de plus, détail qui a son importance, ainsi qu'on va voir.
>
> Ces trois personnes se dénombraient ainsi :
>
> 1° L'infatigable remueur d'idées qui est l'auteur de ces lignes et que je me permets de citer en tête à cause de la situation suprématique qu'il occupe dans les lettres d'aujourd'hui.
>
> 2° Un monsieur d'aspect quelconque, mais si formidablement quelconque que cela devenait une curieuse originalité.
>
> 3° Celle-là, je l'ai gardée pour la bonne bouche, comme disent les gens : une jeune fille d'une indicible beauté. Mais pourquoi faut-il, ô jeune fille d'une indicible beauté, que votre charmant visage recèle tant de non moins indicible tristesse !
>
> Jeune et jolie comme vous êtes, point pauvre ainsi que l'indiquent votre vêtement et vos parures, que vous manque-t-il donc pour rire à la vie de toutes vos affriolantes quenottes ?

Je l'ignorais, et maintenant que je le sais, comme je vous plains, ô jeune fille d'une indicible beauté !

Cependant, le monsieur quelconque redoublait encore de quelconquisme et mon intérêt se portait de préférence sur ma désolée compagne de route.

Quelques petits services que je lui rendis, une glace aidée à lui baisser *(sic)*, un livre ramassé n'arrivèrent pas à lui arracher le moindre merci oral, mais quel sourire de gratitude, quel ineffable et douloureux sourire !

Tout à coup il se déroula le plus bizarre des phénomènes.

Sans que ni le remueur d'idées, ni le quelconque, ni la jeune fille eussent desserré les lèvres, une voix s'éleva dans le compartiment, une voix étrange, à la fois lointaine et proche.

Et cette voix disait :

— C'est bien la première fois, pardieu, que je voyage avec une demoiselle aussi exquise.

Qui de nous trois parlait ainsi ?

À moins que la voix ne vînt d'un compartiment voisin.

Mais non, avec le grondement du train, on n'eût pu percevoir aussi distinctement les mots prononcés.

Le plus curieux de l'affaire, c'est que mon effarement, bien légitime, ne semblait partagé ni par le quelconque, ni par la jeune fille que le mystérieux propos aurait pourtant dû intéresser.

De nouveau la voix s'éleva :

— C'est malheureux qu'elle ait un air si triste, la belle demoiselle...

Et quelle joie ce serait de la pouvoir consoler !

Même indifférence chez mes deux compartimentaux.

Étais-je donc la proie d'une hallucination ?

L'énigmatique organe continuait ses galanteries, sans que la lumière arrivât à se produire dans mon esprit.

Quand soudain la jeune fille se tourna vers le quelconque et lui dit d'un ton plutôt sec, mais d'une voix harmonieusement timbrée :

— Si c'est pour m'étonner, monsieur, que vous vous livrez à toute cette ventriloquerie, je vous avertis que vous perdez votre temps et votre peine.

— Vous êtes donc bien difficile à épater, mademoiselle ?

— Ça n'est pas ça.

— Quoi donc alors ?

— C'est que je suis sourde et muette de naissance.

Maisons-Laffitte.

Le quelconque descendit.

Demeuré seul avec la jolie sourde-muette.

— Pardonnez mon indiscrétion, mademoiselle, mais si vous êtes sourde, ainsi que vous le dites – et quel intérêt avez-vous à mentir ? –, comment avez-vous pu entendre les propos que vous tenait cet imbécile de ventriloque ?

— Pareillement aux aveugles, lesquels, comme l'indique leur nom, dénués de la vue, suppléent à ce manque par une sorte d'hyperesthésie de leurs quatre autres sens au point de remplacer le manquant, de même, moi, pauvre sourde, suis arrivée à remplacer le sens de l'ouïe par une extraordinaire subtilité de la vue, si bien que je lis sur les lèvres de mon interlocuteur les paroles qu'il prononce, et cela, monsieur, avec la même précision que vous pouvez les entendre avec vos deux oreilles.

— Parfaitement, mademoiselle, et je n'ignorais point ce détail, mais je vous ferai remarquer que ce monsieur, en qualité de ventriloque, ne remuait point les lèvres.

— Oui, mais son estomac et son abdomen étaient agités de légers mouvements imperceptibles de vous, grossier entendant, mais facilement interprétables de moi, subtile sourde.

— Rien, en effet, mademoiselle, ne saurait être plus simple.

— N'est-ce pas ?

— Cependant, une question encore, si cela ne vous fatigue pas trop.

— Au contraire.

— Si vous êtes muette, mademoiselle, ainsi que vous le dites – et quel intérêt avez-vous à mentir ? –, comment pouvez-vous vous exprimer avec cette facilité ?

— Parce que, monsieur, rien n'interdit aux muets d'être ventriloques, ce qui est mon cas.

— Tous mes compliments, mademoiselle, mais – et ce sera ma dernière indiscrétion – étant ventriloque, pourquoi parlez-vous en remuant les lèvres ?

— Simple coquetterie de jeune fille, monsieur, de jeune fille fort affligée de son infirmité et qui veut faire croire aux gens qu'elle entend et parle comme tout le monde.

X comme XÉNOPHOBIE

« On puise de plus en plus abondamment dans le réservoir de meurt-de-faim transalpins ou transvosgiens, pour en encombrer à bas prix nos ateliers de plus en plus fermés à ce souverain qu'est l'ouvrier français. » Dans *Le Cri du peuple*, le journal de Jules Vallès, l'internationalisme fait bon ménage avec le nationalisme le plus étroit.

Les « Vêpres marseillaises » en 1881, les pogroms anti-italiens d'Aigues-Mortes en 1893, n'ont été que les points d'orgue d'une hystérie collective. Dans les salins, les carrières... la xénophobie ouvrière s'affiche. Elle est paradoxalement constitutive d'une identité nationale dans un pays où le Breton et le Provençal s'ignorent.

Il est vrai qu'à la fin du XIXe siècle, la xénophobie est un sentiment bien partagé sous nos cieux tempérés. Peu y échappent, même les esprits les plus fins.

De ses voyages à l'étranger, Allais ne revient guère ébloui. Et encore ceci n'est que figure de rhétorique entre prétérition et litote. L'étranger lui pèse. Les États-Unis lui semblent une erreur génétique. La Grande-Bretagne une bévue du Seigneur tout-puissant. « Vidée de sa houille et délestée de son minerai de fer, l'Angleterre est comme une futaille vide. »

Au passage, une brève griffe sur la riveraine confédération : « Il ne faut pas croire que les suicidés sont les habitants de la Suisse. » Quant à nos amis belges, Allais se retient. Il est vrai qu'il se rend souvent en villégiature outre-Quiévrain et que son épouse est frontalière... Dans « Notes de voyage », texte publié dans *Le Journal* du 22 mai 1896, il batifole : « Sur les gracieuses instances de ce brave comte de Flandre et de cette excellente comtesse aussi de Flandre, j'ai pris l'engagement formel de ne plus dire un mot de travers sur la Belgique ni sur ses habitants... Ah ! on ne s'embête pas en Belgique ! » Deux jours plus tard, il ne peut s'empêcher de chiquenauder : « Le Longchamp-fleuri de Bruxelles, c'est comme qui dirait la Fête des fleurs à Paris, mais une fête des fleurs sans fête ni fleurs. »

Dans « Le Langage des fleurs », repris dans le recueil *À l'œil*, Alphonse Allais met en boîte ce qui est autre. Certes, on ne peut pas dire qu'il taille l'étranger en pièces, mais il ne se montre pas particulièrement progressiste. Voyons :

> Je conçois, à la rigueur, qu'un touriste ayant passé un siècle ou deux loin d'un pays ne soit pas autrement surpris de trouver, à son retour, des décombres et des ruines où il avait jadis contemplé de somptueux palais ; mais tel n'était pas mon cas.

Après une absence de cinq ou six mois, je ne fus pas peu stupéfait de rencontrer, à l'un des endroits de la côte qui m'étaient les plus familiers, un manoir en pleine décrépitude, un vieux manoir féodal que j'étais bien sûr de ne pas avoir rencontré l'année dernière, ni là ni ailleurs.

Mon flair de détective m'amena à penser que ces ruines étaient factices et de date probablement récente.

Le castel en question présentait, d'ailleurs, un aspect beaucoup plus ridicule que sinistre ; tout y sentait le toc à plein nez : créneaux ébréchés, tours démantelées, mâchicoulis à la manque, fenêtres ogivales masquées de barreaux dont l'épaisseur eût pu défier les plus puissants barreau-mètres ; c'était complètement idiot. Une petite enquête dans le pays me renseigna tout de suite sur l'histoire de cette néovieille construction et de son propriétaire.

Ancien pédicure de la reine de Roumanie, le baron Lagourde, lequel est baron à peu près comme moi je suis archimandrite, avait acquis une immense fortune dans l'exercice de ces délicates fonctions.

(Car au risque de défriser certaines imaginations lyriques, je ne vous cacherai pas plus longtemps que Carmen Sylva, à l'instar de vous et de moi, se trouve à la tête de plusieurs cors aux pieds, et la garde qui veille aux barrières du Louvre n'en défend pas les reines.)

Le baron Lagourde (conservons-lui ce titre puisque ça a l'air de lui faire plaisir) est un gros homme commun, laid, vaniteux et bête comme ses pieds, qui sont énormes.

Sa femme, qu'il a ramenée de la Bulgarie occidentale, présente l'apparence d'une petite noiraude mal tenue, mais extraordinairement adultérine. Cette Bulgare de l'Ouest (ou Bulgare Saint-Lazare comme on dit plus communément à Paris) trompe en effet son mari à jet continu, si j'ose m'exprimer ainsi, avec des cantonniers.

Pourquoi des cantonniers, me direz-vous, plutôt que des facteurs ruraux ou des attachés d'ambassade ? Mystères du cœur féminin !

La baronne adorait les cantonniers et ne le leur envoyait pas dire. Voilà pourquoi la route de Trouville à Honfleur fut si mal entretenue, cet été, quand eux l'étaient si bien.

Le baron Lagourde s'était fixé l'année dernière dans le pays ; il y avait acheté une propriété admirablement située d'où l'on découvrait un panorama superbe : à droite, la baie de la Seine ; en face, la rade du Havre ; à l'ouest, le large.

Sans perdre un instant, l'ex-pédicure royal aménagea sa nouvelle acquisition selon son esthétique et ses goûts féodaux.

En un rien de temps, le manoir sortit de terre ; des ouvriers spéciaux lui donnèrent ce cachet d'antiquaille sans lequel il n'est rien de sérieusement féodal. Pour compléter l'illusion, de vrais squelettes chargés de chaînes furent gaiement jetés dans des culs-de-basse-fosse.

Le baron eût été le plus heureux des hommes en son simili Moyen Âge sans l'entêtement du père Fabrice. Plus il insistait, plus le père Fabrice s'entêtait. On peut même dire, sans crainte d'être taxé d'exagération, que le père Fabrice s'obstinait.

L'objet du débat était un pré voisin, pas très large, mais très long, qui dominait la féodalité du baron et d'où l'on avait une vue plus superbe encore, un pré qui pouvait valoir dans les six cents francs, bien payé. Lagourde en avait offert mille francs, puis mille cent, et finalement, d'offre en offre, deux mille francs.

— Ça vaut mieux que ça, monsieur le baron, ça vaut mieux que ça, goguenardait le vieux finaud en branlant la tête.

Mais cette somme de deux mille francs fut l'extrême limite des concessions et le baron ne parla plus de l'affaire.

Un jour de cet été, le châtelain-pédicure, grimpé sur l'une de ses tours, explorait l'horizon à l'aide d'une excellente jumelle Flammarion.

Tout près de la côte, un yacht filait à petite vapeur : sur le pont, des messieurs et des dames braquaient eux-mêmes des jumelles dans la direction du castel et semblaient en proie à d'homériques gaietés. Ils se passaient mutuellement les jumelles et se tordaient scandaleusement.

Le baron Lagourde ne laissa pas que de se sentir légèrement froissé. Était-ce de son manoir que l'on riait ainsi ?

Le lendemain, à la même heure, le même yacht revint, accompagné cette fois de deux bateaux de plaisance dont les passagers manifestèrent, comme la veille, une bonne humeur débordante.

Tous les jours qui suivirent, même jeu.

Des flottilles entières vinrent, ralentissant l'allure dès que le castel était en vue. À bord, les passagers paraissaient goûter d'ineffables plaisirs.

Les pêcheurs de Trouville, de Villerville, de Honfleur ne passaient plus sans se divertir bruyamment.

Bref, tout le monde nautique de ces parages, depuis l'opulent Ephrussi jusqu'à mon grabugeux ami Baudry dit la Rogne, s'amusa durant de longues semaines, comme tout un asile de petites folles.

Très inquiet, très vexé, très tourmenté, le baron résolut d'en avoir le cœur net et de se rendre compte par lui-même des causes de cette hilarité désobligeante.

Un beau matin, il fréta un bateau et, toutes voiles dehors, cingla vers l'endroit où les gens semblaient prendre tant de plaisir.

Au bout d'un quart d'heure de navigation, son manoir lui apparut, plus féodal que jamais, et pas risible du tout. Qu'avaient-ils donc à se tordre, tous ces imbéciles !

Horreur subite ! Le baron n'en crut pas ses yeux ! La colère, l'indignation, et une foule d'autres sentiments féroces empourprèrent son visage. Il venait d'apercevoir... Était-ce possible ?

Au-dessus de son manoir, et bien en vue, le pré du père Fabrice s'étalait au soleil comme un immense drapeau vert, un drapeau sur lequel on aurait tracé une inscription jaune, et cette inscription portait ces mots effroyablement lisibles :

MONSIEUR LE BARON LAGOURDE EST COCU !

Le miracle était bien simple : cette vieille fripouille de père Fabrice avait semé dans son pré ces petites fleurettes jaunes qu'on appelle boutons-d'or en les disposant selon un arrangement graphique qui leur donnait cette outrageante et précise signification : le père Fabrice avait fait de l'anthographie sur une vaste échelle.

Le baron Lagourde restait là dans le canot, hébété de stupeur et de honte devant la terrible phrase qui s'enlevait gaiement en jaune clair sur le vert sombre du pré.

— Monsieur le baron Lagourde est cocu ! Monsieur le baron Lagourde est cocu ! répétait-il complètement abruti.

Les rires des hommes qui l'accompagnaient le firent revenir à la réalité.

— Ramenez-moi à terre ! commanda-t-il du ton le plus féodal qu'il put trouver.

Il alla tout droit chez le maire.

— Monsieur le maire, dit-il, je suis insulté de la plus grave façon sur le territoire de votre commune. C'est votre devoir de me faire respecter, et j'espère que vous n'y faillirez point.

— Insulté, monsieur le baron ! Et comment ?

— Un misérable, le père Fabrice, a osé écrire sur son pré que j'étais cocu !

— Comment cela ?... Sur son pré ?

— Parfaitement, avec des fleurs jaunes !

Heureusement que le maire était depuis longtemps au courant de l'excellente plaisanterie du père Fabrice, car il n'aurait rien compris aux explications du baron.

Tous deux se rendirent chez le diffamateur qui les accueillit avec une bonne grâce étonnée :

— Moi, monsieur le baron ! Moi, j'aurais osé écrire que monsieur le baron est cocu ! Ah ! monsieur le baron me fait bien de la peine de me croire capable d'une pareille chose !

— Allons sur les lieux, dit le maire.

Sur ces lieux, on put voir de l'herbe verte et des fleurs jaunes arrangées d'une certaine façon, mais il était impossible, malgré la meilleure volonté du monde, de tirer un sens quelconque de cette disposition. On était trop près.

(Ce phénomène est analogue à celui qui fait que certaines mouches se promènent, des existences entières, sur des in-quarto sans comprendre un traître mot aux textes les plus simples.)

— Monsieur le baron sait bien, continua le père Fabrice, que les fleurs sauvages, ça pousse un peu où ça veut. S'il fallait être responsable !...

— Et vous, monsieur le maire, grommela le baron, êtes-vous de cet avis ?

— Mon Dieu, monsieur le baron, je veux bien croire que vous êtes insulté, puisque vous me le dites ;

mais en tout cas, ce n'est pas sur le territoire de ma commune, puisque l'inscription n'y est pas lisible. Vous êtes insulté en mer... plaignez-vous au ministre de la Marine !

Le baron fit mieux que de se plaindre au ministre de la Marine, ce qui eût pu entraîner quelques longueurs.

— Allons, vieille canaille, dit-il au père Fabrice, combien votre pré ?

— Monsieur le baron sait bien que je ne veux pas le vendre, mais puisque ça a l'air de faire plaisir à monsieur le baron, je le lui laisserai à dix mille francs, et monsieur le baron peut se vanter de faire une bonne affaire ! Un pré où que les fleurs écrivent toutes seules !

Le soir même, l'essai d'anthographie du père Fabrice périssait sous la faux impitoyable du jardinier.

Maintenant, si j'ai un bon conseil à donner au baron Lagourde, qu'il n'essaye pas du même procédé pour faire une blague au père Fabrice l'année prochaine.

Le père Fabrice a pour l'opinion de ses concitoyens un mépris insondable.

Y comme YOUYOU

Plutôt que campé sur le pont cossu d'un yacht, Allais semble toujours funambule sur son fragile youyou, ce petit canot court et large utilisé pour la navette entre les bateaux au mouillage et les quais. Toujours entre deux articles, entre deux utopies, entre deux vins, entre deux dettes, le va-et-vient semble bien être l'état quotidien de l'humoriste.

Alphi compose ses recueils de manière disparate. Comme il organise sa vie. À picorer au hasard du feuilletage. La fable devient numéro de music-hall. Polyphonie dans le grand débridement bigarré d'une troupe de carnaval, suite de tours de cirque, funambule, trapèze, jonglerie, clownerie. Allais aime les Variétés, plus au sens des ritournelles de Mac-Nab que de la poésie de Paul Valéry.

Sa vision du monde, c'est un peu : « Après moi le déluge ! »

Dans les beuglants, Yvette Guilbert pousse sa goualante « La Morphinée » sur des paroles de Jean Lorrain : « Oh ! la douceur de la morphine ! / Son froid délicieux sous la peau ! / On dirait de la perle fine / Coulant liquide sous les os ! » Avec Dorian Gary, avec Des Esseintes, on se voulait n'importe où sauf ici, on s'aimait évanescent, éthéré, inquiétant, ambigu. On se donne des airs, des parfums d'hôpital, on se poudre le nez.

Bien sûr, il y avait eu Baudelaire et sa carafe de laudanum, Coleridge et Thomas de Quincey, grands croqueurs de pavots, Théophile Gautier et ses frénésies de cannabis, la mort d'Alphonse Rabbe, suicidé par overdose opiacée. Une sorte d'âge d'or des paradis artificiels.

Péladan n'avait pas tort, qui prophétisait : « Enfin la volupté des derniers latins sera faite de potions et d'injections sous-cutanées... »

Pendant ces folles bacchanales renifleuses, les bombes sautent dans Paris, les cervelles se délitent et le rire s'avère un remède provisoire entre le tuyau de bambou, les ordonnances de pharmacie et l'extraordinaire engouement pour les idoles en flacon.

« Soyons graves pour être drôles », réclamait Max Jacob.

De raouts en pince-fesses, il suffit de prononcer le nom d'Alphonse Allais pour activer les zygomatiques.

L'enthousiasme, A. A. le retrouve surtout en compagnie de ses aminches, de ses poteaux, de ses vieilles branches. Allais est fidèle en amitié. Hormis le Captain Cap précédemment cité, il ne cesse de témoigner probité et affection à Sapeck dont il se bombarda hagiographe attitré. Depuis longtemps, Sapeck, fonctionnaire, mari et père de famille, est devenu un personnage de légende pour ses anciens comparses. À partir d'octobre 1883, il devient un conseiller de préfecture qui sera apprécié de son administration. Il sombre par la suite dans la folie et meurt en 1891. De son vrai nom Eugène Bataille, l'illustre Sapeck a régné en maître du Fumisme, au Quartier latin et ailleurs. Grand ordonnateur du chahut, toujours vêtu avec élégance, souvent en habit de cérémonie, juché sur un pavois porté par quatre étudiants, et saluant noblement avec son chapeau-claque, il joue au farceur professionnel qui se plaît à mystifier « le bourgeois ». Une de ces prouesses reste d'avoir fait fourmiller le zèbre sur certains points de la côte normande grâce à un pot de peinture noire… Il a publié de nombreuses caricatures, notamment dans *Les Écoles* et *L'Anti-concierge*, organe dont il a été le fondateur. Auteur du monologue de *L'Homme mort*, il doit sa réputation à ses talents d'animateur et de provocateur.

Ce conte nommé « Antibureaucratie », extrait du recueil *Deux et deux font cinq* (1895), pourrait être un vibrant hommage à sa personnalité énergumène :

> Ma jument baie cerise était atteinte de coqueluche, et mon alezan hors de service à la suite de chagrins d'amour. Quant à mes robustes percherons, impossible de compter sur eux, totalement abrutis qu'ils sont par la lecture à haute voix, devant eux, de la chronique d'un penseur bien personnel et profond.
>
> D'autre part, je me trouvais dénué de deux francs nécessaires à la mobilisation d'un fiacre !
>
> Alors quoi ?
>
> Aller à pied, dites-vous ?
>
> J'aurais bien voulu vous y voir.
>
> C'était loin, où j'allais, très loin, dans un endroit situé à une portée de fusil environ et deux encablures du tonnerre de Dieu ! Je résolus donc de prendre l'omnibus.

Je grimpai sur l'impériale et versai quinze centimes ès-mains du conducteur.

Voilà donc une situation claire et nettement établie :

Je suis sur l'impériale, j'ai versé les quinze centimes de ma place. Je puis donc passer, la tête haute, devant l'administration de la Compagnie des omnibus. Bon.

Tout à coup, le temps changea et des gouttes d'eau se mirent à choir.

Or, j'avais mis, la veill', mon parapluie en gage.

(J'ai élidé l'e de veille pour que la phrase constituât un alexandrin joli et coquet.)

Je descendis dans l'intérieur du véhicule et remis ès-mains du conducteur un supplément, ou plutôt, pour employer le mot propre, un complément de quinze centimes.

Voici donc une nouvelle situation claire et nettement établie :

Je suis dans l'intérieur d'un omnibus, j'ai versé les trente centimes de ma place, je puis donc... (Voir la suite plus haut.)

L'omnibus s'arrêta : on était devant un bureau.

Une tête de brute avinée apparut, et cette tête clama sans urbanité :

— Voyageur descendu de l'impériale ?

C'est à moi, s'il vous plaît, que ce discours s'adressait.

Devant cette tête de brute, cette voix éraillée et ce ton goujateux, je résolus soudain de garder un silence de sépulcre.

— Voyageur descendu de l'impériale ? rogomma de nouveau le bas fonctionnaire.

Même mutisme.

Alors, la courtoisie du contrôleur s'exhala en propos blasphématoire, où le saint nom de Notre-Seigneur se trouvait fâcheusement mêlé.

Ce sacrilège n'eut point le don de m'émouvoir.

— Mais, sacré mille tonnerres de bon D... de nom de D... ! Il y a ici un voyageur descendu de l'impériale ! Ous qu'il est ?

— C'est monsieur, intervint le conducteur en me désignant.

— C'est vous qui êtes descendu de l'impériale ?

— Qu'est-ce que ça peut bien vous f... à vous ?

— Comment, qu'est-ce que ça peut bien me f... ?

— Oui, que je sois descendu de l'impériale ou de la lune.

— C'est pour le contrôle.

— Le contrôle. Quel contrôle ? Est-ce que je suis chargé de faire le contrôle de votre sale guimbarde ?

Nouveaux blasphèmes véhéments du contrôleur.

— Pardon ! m'écriai-je, de combien est la place que j'occupe en ce moment ?

— De trente centimes.

— Conducteur, combien vous ai-je versé ?

— Trente centimes.

— Eh bien ! alors, je ne vous dois rien, ni un sou, ni une explication. Si votre Compagnie tient tant que ça au contrôle, elle n'a qu'à mettre un contrôleur à l'impériale, un contrôleur à l'intérieur et un contrôleur sur les marches. Mais sous aucun prétexte je n'entends être mêlé à cette ridicule et odieuse bureaucratie.

— Enfin, voulez-vous, oui ou non, dire si c'est vous qui êtes descendu de l'impériale ?

— M... !

Je dois déclarer que tout le monde dans l'omnibus me donnait tort, cohue lâche et servile d'Européens, indignes de la liberté.

Seule, une petite jeune fille, qui tenait *Le Journal* à la main, semblait plongée dans une joie profonde par toute cette scène. (Si ces lignes viennent à lui tomber sous les yeux, un petit mot d'elle-même me fera plaisir.)

— Et puis, repris-je d'un air furibard, voilà cinq minutes que vous me faites perdre ; je me plaindrai au conseil municipal. Je suis l'ami intime de M. Pierre Baudin.

Est-ce une menace ? Est-ce le désir légitime de mettre fin à cette pénible histoire. Ne sais, mais l'omnibus se décida à partir.

Mes covoyageurs me contemplaient avec des regards de basse-cour en courroux.

Ce fut surtout le lendemain que je m'amusai beaucoup. Passant devant le bureau d'omnibus où s'était perpétré ce conflit, j'interpellai la brute avinée.

— J'ai beaucoup réfléchi depuis hier. J'aime mieux tout avouer.

— Hein ?

— Le voyageur descendu de l'impériale, eh bien ! c'était moi.

Z comme ZUTISTE

C'est un zutiste ! Ne dites pas un anarchiste, un nihiliste, un terroriste. Plutôt un gentilhomme suffiste. Je m'enfoutiste sur les bords. Oui, ça existe ! À cette époque, tout existe. Le bath hydropathe comme le lutin hirsute.

L'étymologie est assez obscure, en fin de compte. Les premières traces de zut, orthographié z'ut, se rencontrent en 1813 chez Petrus Borel : « Allons, z'ut pour les petits boyaux. Y faut m'régaler d'un pigeon. »

L'Album zutique est un recueil de 102 poèmes écrits notamment par Verlaine, Rimbaud, Coppée, Charles Cros, pour réagir au mouvement parnassien en pastichant les auteurs célèbres de l'époque, mais en se parodiant également entre eux.

Mais bon, cessons d'être docte. Nous sommes en fin d'abécédaire. Il faut s'attendre à ce que les choses tournent mal.

Frappé d'embolie, un matin, Allais cessa d'être triste.

Négligé pendant quarante ans, il fallut attendre les surréalistes et de bonnes âmes tels Sacha Guitry et Jacques Prévert pour que le grand public redécouvre ses recettes de bonne humeur et de bon humour. Et c'est en avril 1944 qu'Alphonse Allais atteint définitivement le firmament des humoristes, le jour où une bombe anglaise égarée fit s'envoler dans une nuée multicolore sa sépulture du cimetière de Saint-Ouen, deuxième division, première ligne Est, n° 18. Seconde fin qu'aurait goûtée notre homme... Ne préconisait-il pas, dans un de ses contes, de dessécher le corps des défunts dans le but de l'imbiber ensuite d'un liquide explosif, transformant ainsi les encombrantes dépouilles en feux d'artifice du plus bel effet ?

Un entourage misérable signale désormais l'entourage où repose le premier humoriste français. Sur ce boulevard ossements, à défaut d'un posthume sur mesure, il peut toujours décrocher la tombale en compagnie de Paul Delmet, Samson François, Lily Laskine, Suzanne Lenglen ou Jeanne Sourza qui sont inhumés à ses côtés. Dans le nouveau cimetière, reposent Mireille Balin, Jean Tissier, Léo Campion, Henri Curriez dit « Le Père La Souris », Xavier Privas et Suzanne Valadon, ce qui est nettement plus gai.

À l'horizontale aussi, lui, l'agacé, le misanthrope, le bipède à cran, parvient à transformer toutes nos ondes négatives en pages de cristal.

Loin des amuseurs à pâte molle, des loustics à la jugeote pré-mâchée, à mille lieues du suivisme mercantile, Allais veille.

Inch'Allais !

PENSÉES, POINTES, BOUTADES, SAILLIES, BONS MOTS ET AUTRES LIEUX

Vermot est là… la morosité s'en va ! Du moins au temps jadis.

Depuis 1886, sous sa couverture vermillon ornée d'une banderole en forme d'épluchure entourant une branche d'acacia, symbole maçonnique cher à son fondateur Joseph Vermot qui avait atteint un degré élevé chez les Fils de la Lumière, le très gaulois almanach a connu des hauts et des bas. De bons glorieux moments à la Belle Époque. Des coups de mou aux alentours des guerres où il s'évertuait à soutenir le moral des troupes : « Quelles sont les deux villes françaises les plus germanophobes ? Antibes, Auch… »

Certes, ce n'est pas de la dentelle, ni même du point d'Alençon. Mais en période de crise, pas le temps de faire la fine bouche, c'est la grosse bouffonnerie qui rafle la mise.

Cantonné dans ses « jeux de mots laids » et ses « calembours bons », vite dépassé par l'ironie britannique et l'humour noir, du côté de la fine plaisanterie très souvent pour l'Almanach Vermot, il est un peu tard. Et ce n'est pas Alphonse Allais qui se lèvera pour glisser à ses voisins : « De quatorze juillet ! »

Certes, il y pigea. Comme Courteline, Tristan Bernard, Marcel Allain ou Simenon, mais modérément.

Qui lit encore le Vermot ? Cette immarcescible pochade inventée par un jurassien (un jurassique dans son parc ?) plutôt grave et sévère, héritier d'une lignée d'éditeurs qui publiaient des ouvrages tels que *Le Catholicisme en présence des sectes dissidentes.* Qui s'intéresse tout à la fois aux multiples usages du bicarbonate de soude, aux meilleurs moments pour planter ses radis ou soigner ses choux-fleurs, aux jours de demi-lune, à la saint Gontran et aux calembredaines les plus éculées.

L'exode rural n'y est sans doute pas pour rien. L'effet « yau de poële » a du plomb dans l'aile.

Allais, lui, pourtant nettement plus âgé, n'accuse pas une ride.

Lorsqu'on feuillette ses contes d'un doigt plié en quatre, sa verdeur déroute. Rien de fadasson, de purgatif, aucun caractère familial et bien pensant qui émasculerait le propos. Constamment, l'humoriste fait peau neuve, contrairement à notre bréviaire de la gaudriole populaire dont les à-peu-près s'essoufflent de génération en génération.

Il en va des traits d'esprit d'Alphonse Allais comme de ces barquettes de cerises où l'on commence à choisir les plus rouges, les plus juteuses et les plus appétissantes, et où l'on ne peut plus s'arrêter avant d'avoir tout avalé. On ne prête qu'aux riches. Et c'est fou ce que l'on attribue de lazzis à ce nabab d'Alphi.

Si deux personnes parlent d'humour, sur un méchant tabouret ou sur une moelleuse méridienne, c'est toujours un mot d'A. A. qui leur vient sur les lèvres en premier lieu.

Si les autres sont les fleuves. Il en est la mer. Le plus grand humoriste français ? Le premier, et pas seulement par ordre alphabétique.

Rien ne vieillit pourtant plus vite qu'une œuvre drôle. Les pieds et les tiroirs tombent vite en poussière. Question d'époque, question d'usages.

Avec une aisance déconcertante, Allais résiste au temps. Mieux, il se bonifie comme les meilleurs cépages. A. A. donnera toute son énergie à l'apathie. Mourir pour l'apathie, voilà le sort le plus beau ! Il vivra de son rire pionnier et de ses abîmes dépressionnaires, comme le bourgeois vit de ses rentes.

Celui qui se voulait « statue vivante de la paresse » transmet à la postérité une œuvre d'une ampleur quasi hugolienne. Pas mal pour quelqu'un qui ne souhaitait qu'entretenir un mince filet de harangue avec ses contemporains !

Les quelques cinq mille pages serrées qu'il nous a léguées gardent encore aujourd'hui toute leur puissance de frappe à comique. Pas un pli, pas un tic, à peine des commodités. Des saillies, des taquineries, des trouvailles en fourbi, autant que chez Guitry, Willy et Cami réunis, pour ne prendre que les désinences en i.

Sa réputation de fabricant d'« ana » à la chaîne, de stakhanoviste du bon mot, d'amuseur virtuose relègue à l'arrière-plan celle de l'écrivain accompli. C'est dommage et injuste.

Car « la manière Allais », cette inimitable touche impeccable et désinvolte pour attraper le lecteur par la manche dès l'ébranlement du convoi des mots, mérite au premier chef de retenir l'attention.

Plus qu'une clientèle, depuis la guerre (la froide) Allais a retrouvé une petite société de fanatiques. Une camarilla de groupies. Les marchands d'autographes cotent maintenant très cher ses lettres et ses manuscrits, et les bibliophiles se disputent les exemplaires de ses livres en édition originale.

De la parenthèse goguenarde à l'emphase prudhommesque, les arcanes de l'Almanach Vermot comme les fins de repas de première communion hissent A. A. à la première place du palmarès des manufacturiers d'astuces et d'à-peu-près. Une vie passée à confectionner de la moquette pour nos cerveaux.

Quand la mémoire vient à faire défaut, on entend monter du chœur des bons vivants le traditionnel « comme disait Alphonse Allais ! » Mots authentiques ou hauts en toc. Fond de tiroir ou miracle du terroir.

C'est un peu rageant pour l'historien, mais bien réconfortant pour l'amateur.

Ah, elle a le dos large, la vache Allais !

Ouvrons le ban. Il n'y a qu'à se baisser pour ramasser…

— Le rire est à l'homme ce que la bière est à la pression.

— Si j'étais riche, je pisserais tout le temps !

— Garçon ! Un Picon grenadine... et un peu moins de vent s'il vous plaît !

— Les Anglaises adorent les chevaux, mais ignorent le bidet.

— Si j'ai un jour du plomb dans la tête, ce sera du 7,65 !

— Je lâcherais tout, même la proie pour Londres.

— Le café est un breuvage qui fait dormir quand on n'en prend pas.

— La statistique a démontré que la mortalité dans l'armée augmente sensiblement en temps de guerre.

— Une chose facile à avoir en décembre, c'est du sang-froid.

— Les gendarmes ont grand tort de malmener les criminels. Sans eux, ils n'existeraient pas.

— Dans les milieux littéraires, quand on parle des poètes morts jeunes, ce sont les morts vieux qui se mouchent.

— En exigeant une réparation, on n'arrive souvent qu'à se faire démolir.

— La mer est salée parce qu'il y a des morues dedans. Et si elle ne déborde pas, c'est parce que la providence, dans sa sagesse, y a placé aussi des éponges.

— J'ai connu bien des filles de joie qui avaient pour père un homme de peine.

— Être de quelque chose, ça pose un homme, comme être de garenne, ça pose un lapin !

— Les émaux auxquels personne ne tient, ce sont les émaux... rhoïdes.

— Qui est donc ce monsieur si maigre ? — C'est un lutteur. — Un lutteur ? Vous êtes sûr ? — Oui, il lutte contre la tuberculose.

— J'ai toujours remis au surlendemain ce que j'aurais parfaitement pu faire l'avant-veille.

— Ce sera l'inéluctable loi de l'humanité d'avoir toujours quelque chose à ne pas comprendre.

— Faut du Baudelaire, c'est entendu, mais pas trop n'en faut !

— On est prié de ne pas claquer l'apôtre.

— C'est probablement parce que les ardoises viennent d'Angers que le métier de couvreur est dangereux.

— On sait que les cheveux, considérés au microscope, sont creux, ce qui explique l'expression : tuyau de poil.

— Ventre affamé n'a point d'oreilles, mais il a un sacré nez !

— Les académiciens se prétendent immortels et ne dépassent jamais la quarantaine.

— La misère a cela de bon qu'elle supprime la crainte des voleurs.

— Partir, c'est mourir un peu... mais mourir, c'est partir beaucoup.

— On a beau dire et beau faire, plus on ira, moins il y aura de centenaires qui auront connu Napoléon Ier.

— Tout ce qui est public devrait être gratuit. L'école, les transports et les filles.

— Il y a des moments où l'absence d'ogres se fait cruellement sentir.

— Un mari quelque peu volage, le lendemain de son mariage tua sa femme à son réveil. Moralité : La nuit porte conseil...

— La morale est la faiblesse de la cervelle.

— On a coutume de dire que le XIXe siècle aura été le siècle de la vapeur, et je ne lui en fais pas mon compliment.

— Les pickpockets les moins inoccupés sont précisément ceux qui ont les mains dans les poches.

— Les horizontales se rencontrent dans tous les milieux, les parallèles jamais !

— En dormant à moitié, il avait beaucoup retenu.

— Vous avez vu quelquefois des ouvriers travailler ? C'est bien rare. La preuve, c'est que, lorsque, par hasard, les ouvriers travaillent dans la rue, il se forme aussitôt un rassemblement.

— Si on se mettait à composer les journaux avec de seules véracités, ils tomberaient du coup au format de la feuille de papier à cigarette.

— Ne remets pas à demain, ce que tu peux faire après demain.

— Un paresseux est un homme qui ne fait pas semblant de travailler.

— L'homme ne tue pas seulement pour manger. Il boit aussi.

— Tout est dans tout et vice versa.

— Nous manœuvrons comme un seul homme et nous marchons comme sur Déroulède.

— Les asiles de déments comportent dans leur personnel des internes et des internés. J'ai beaucoup fréquenté ces deux classes de gens et la vérité me contraint à déclarer qu'entre ceux-ci et ceux-là ne se dresse que l'épaisseur d'un accent aigu.

— On est mieux assis que debout et... vermouth cassis.

— Les centenaires sont de moins en moins passionnants.

— Pauvre France ! Où est l'Augias qui te guérira de ton incurie ?

— Mesdames, mesdemoiselles, messieurs... on m'a demandé de vous faire une conférence sur le théâtre. J'ai peur qu'elle ne vous attriste, car ainsi que vous le savez, malheureusement Shakespeare est mort, Corneille est mort, Racine est mort, Molière est mort, Beaumarchais est mort, Marivaux est mort... et moi-même je ne me sens pas très bien.

— Les environs de Paris sont les plus beaux environs du monde.

— De même que leurs voisins les Portugais sont toujours gais, les Espagnols sont toujours « gnols ».

— L'Italien est un peuple si musical qu'au lieu de dire vingt sous, comme chez nous, il dit une lire.

— Pourquoi écrivez-vous : « M. Barthou perdit son sang-froid » et « Don Quichotte perdit son Sancho » ?

— Non, la stérilité n'est pas héréditaire.

— Je fus présenté à la famille où je plus, tout de suite, à verse.

— Le guépard est un quadrupède connu principalement pour son chant.

— C'est étonnant comme les frères Lyonnet se ressemblent ! Surtout Anatole !

— Les cimetières sont remplis de gens irremplaçables.

— La grande trouvaille de l'armée, c'est qu'elle est la seule à avoir compris que la compétence ne se lit pas sur le visage. Elle a donc inventé les grades.

— Avoir des enfants n'est pas à la portée de toutes les bourses.

— Il faut prendre l'argent là où il se trouve, c'est-à-dire chez les pauvres. Bon, d'accord, ils n'ont pas beaucoup d'argent, mais il y a beaucoup de pauvres.

— Un cocu ? Un entier qui partage sa moitié avec un tiers.

— Faut-il que les hommes soient bêtes de fabriquer des machines pour se tuer... comme si on ne claquait pas assez vite tout seul.

— J'ai souvent remarqué, pour ma part, que les cocus épousent de préférence les femmes adultères.

— On devrait ouvrir des écoles pour professeurs inadaptés.

— L'éternité, c'est trop long, surtout vers la fin.

— « Fluctuat nec mergitur », comme disait tristement le monsieur qui voyait sa femme prendre un bain de mer.

— Ci-gît Zola qui ne fut rien. Pas même cacadémicien.

— Le bec Auer : cette dernière invention a singulièrement réhabilité ce M. Auer du consternant système de chopine qui porte son nom et qui nous provoque tant de lugubre ivresse.

— Plan pour se servir de sa belle-mère. Le plan consiste à la mettre sur une plaque de verre bien isolée du sol et attendre que l'orage arrive : à ce moment-là, si Dieu est bon, elle est foudroyée ; elle se trouve réduite en noir animal, qu'on peut alors utiliser pour coller son vin. Et l'on s'écrie en claquant des doigts : « Elle avait du bon, le tout était de trouver la manière de s'en servir ! »

— Il vaut mieux rôtir au soleil de l'indépendance que de goûter la fraîcheur au sein des cachots du despotisme et de la tyrannie.

— Si un cul-de-jatte n'a pas le droit de tendre la main, que tendra-t-il donc ?

— Ce n'est pas nous qui tuons le temps mais bien le temps qui nous tue !

— De même que sous la blouse d'un humble campagnard ou d'un modeste artisan, peuvent se percevoir les battements d'un cœur d'homme, de même aussi sous la casquette élimée d'un simple contremaître, peut-on constater le grouillement sourd d'un cerveau de génie.

— Ce peintre ne voulait pas boire de vin rouge en mangeant des œufs brouillés, parce que ça lui faisait un sale ton dans l'estomac.

— Si, parmi ces messieurs, il s'en trouvait encore un qui ne fût pas décédé, je le prie très respectueusement de ne pas m'en vouloir. Un peu de patience et ça viendra.

— Enfant, il était déjà tout petit et, en grandissant, il devint plus petit encore.

— Il y a des femmes qui sont comme le bâton enduit de confiture de roses dont parle le poète persan : on ne sait par quel bout les prendre.

— On dit toujours : lent comme un escargot ! C'est bête ! L'escargot ne marche-t-il pas ventre à terre ?

— L'essence du progrès est d'être parallèle à lui-même.

— La France des Croisades, la France de Saint-Louis, cette vieille France, qui comptait plus de bénitiers que de cuvettes...

— C'est encore plus par allégresse que par devoir religieux que les fidèles accourent à la messe de minuit, et, dans cette assemblée, c'est plus des poètes qui rêvent que des chrétiens qui prient.

— Je n'ai jamais fait de peine à une femme, même avec une fleur.

— Chevauchez votre cycle. Amen !

— La vie est faite de concessions – à perpétuité.

— Il avait exploré des pampas de lui seul connues où, selon la forte expression du géographe, la main de l'homme n'a jamais mis le pied, des pampas double-vierges !

— Hamlet : — Tout bu, or not tout bu ?

— Les confessions d'un enfant du cycle.

— Avez-vous remarqué comme les carreaux frémissent à l'approche des tremblements de terre ?

— Tous nos enterrements sont posthumes, c'est-à-dire qu'ils ont lieu seulement après que les thunes ont été versées à l'administration.

— Moi... je suis un type dans le genre de Jésus-Christ... je meurs à trente-trois ans.

— L'avenir n'est séparé du passé que par le présent, et le présent n'existant point...

— Le guano est un bel oiseau !

— Si les muets pouvaient parler, ils se querelleraient comme des sourds.

— Un homme qui sait se rendre heureux avec une simple illusion est infiniment plus malin que celui qui se désespère avec la réalité.

— Dire qu'un verre à moitié plein est, en même temps, à moitié vide !

— La première chose qui frappe l'odorat du voyageur arrivant à Venise, c'est l'absence totale du parfum du crottin de cheval.

— Au fond, l'homme est un grand gosse qui adore faire de la fumée.

— Et s'il continuait à tromper sa femme sur une vaste échelle, il s'arrangeait de manière à ce que cet accessoire fût situé en dehors du logis matrimonial.

— La vie est un pont, morne pont qui réunit les deux néants, celui d'avant, celui d'après.

— Devant de telles découvertes, l'esprit humain n'a plus qu'une ressource, c'est de rester confondu.

— Les pommes de terre cuites sont plus faciles à digérer que les pommes en terre cuite.

— Je lui décochai un formidable coup de poing qu'il para fort habilement d'ailleurs avec son œil gauche.

— Excuse-moi d'avoir tant tardé à te répondre mais quand ta lettre est arrivée, j'étais au fond du jardin.

— Il était normand par sa mère et breton par un ami de son père.

— Quand on voit Le Havre, c'est qu'il va pleuvoir. Quand on ne le voit pas, c'est qu'il pleut déjà...

— Ah ! Ah ! fit-il en faisant mine de caresser dans sa poche la crosse d'un revolver d'ailleurs absent, en acier bruni.

— Mieux potard que jamais.

— À quoi bon prendre la vie au sérieux, puisque de toute façon nous n'en sortiront pas vivants ?

— L'Angleterre est une colonie normande qui a mal tourné !

— C'est quand on serre une dame de trop près... qu'elle trouve qu'on va trop loin.

— Dieu n'a pas fait d'aliments bleus. Il a voulu réserver l'azur pour le firmament et les yeux de certaines femmes.

— Moi... Je suis un type dans le genre de Molière... je suis cocu.

— Impossible de vous dire mon âge, il change tout le temps...

— Je ne comprends pas les Anglais ! Tandis qu'en France nous donnons à nos rues des noms de victoire : Wagram, Austerlitz... là-bas, on leur colle des noms de défaite : Trafalgar square, Waterloo Place...

— Un gentleman est un monsieur qui se sert d'une pince à sucre même quand il est seul.

— Le whisky est une mauvaise chose. Surtout le mauvais whisky.

— Les ours sont blancs parce que ce sont de vieux ours. Tous les ours du monde viennent vieillir et mourir doucement dans les régions arctiques. De sorte qu'on aurait le droit d'appeler ce pays : « l'Arctique de la mort. »

— L'homme est plein d'imperfections. Ce n'est pas étonnant si l'on pense à l'époque où il a été fait.

— Les gens qui ne rient jamais ne sont pas des gens sérieux.

— Les familles, l'été venu, se dirigent vers la mer en y emmenant leurs enfants dans l'espoir souvent déçu de noyer les plus laids...

— Plus les galets ont roulé, plus ils sont polis. Pour les cochers, c'est le contraire.

— L'avantage des médecins, c'est que lorsqu'ils commettent une erreur, ils l'enterrent tout de suite...

— Je propose froidement l'exode de tous les Corses, leur transport sur le continent... On remplacerait les autochtones disparus par un fort lot de libres citoyens suisses. Helvétisons la Corse, telle est ma devise. Les Suisses sont des gens extraordinaires pour faire suer de l'argent au roc le plus aride...

— J'ai poursuivi mes études sans jamais les rattraper...

— L'unique moyen qu'on ait jusqu'à présent trouvé de faire cesser la solitude d'une femme, c'est de la partager avec elle.

— Quand on ne travaillera plus le lendemain des jours de repos, la fatigue sera vaincue.

— On devrait construire les villes à la campagne car l'air y est plus pur... (En fait, c'est un mot d'Henry Monnier, mais pour une fois...)

— Il ne faut jamais faire de projets, surtout en ce qui concerne l'avenir.

— La lune est pleine et on ne sait pas qui l'a mise dans cet état.

— Avant d'éblouir le peuple en lui promettant de l'eau chaude, il faut lui fournir des récipients pour la recueillir.

— On n'est jamais trahi que par les chiens.

— C'est parce que la fortune vient en dormant qu'elle arrive si lentement…

— L'argent aide à supporter la pauvreté.

— Soyez vivant ou soyez beau, pour la santé c'est kif-kif bourricot.

— Une fois qu'on a passé les bornes, il n'y a plus de limites.

— Dans la vie, il y a des hauts et des bas, comme disait le groom d'ascenseur.

— Il n'y a pas de méthode capable d'empêcher un enfant d'apprendre à lire.

— Suissesse. Je suis épouvanté par la quantité de « s » absorbée par ce simple mot : six « s » pour dix lettres.

— Je ne suis pas de ceux qui s'imaginent qu'ils n'ont qu'à ouvrir la bouche pour que les alouettes y tombent toutes rôties… Non, mais tout de même, j'ouvre la bouche de temps en temps !

— Le sel de l'existence est essentiellement dans le poivre qu'on y met.

— Joli paradoxe : la femme est le chef-d'œuvre de Dieu, surtout quand elle a le diable au corps…

— Les jambes permettent aux hommes de marcher et aux femmes de faire leur chemin…

— Jean tua Madeleine. Ce fut à peu près à cette époque que Madeleine perdit l'habitude de tromper Jean…

— Je préfère de beaucoup la sculpture à la peinture, comme disait le pauvre monsieur qui venait de s'asseoir avec son beau pantalon nankin sur un banc de jardin fraîchement badigeonné.

— Oh ! l'éternel féminin, comme disait le monsieur dont la femme n'en finissait pas de mourir.

— Bonjour, je viens toucher mon appointement... — On dit « mes appointements »... — Bah ! ne dérangeons pas le pluriel pour si peu...

— Le propre des problèmes de fond est de ne jamais remonter à la surface.

— En voilà des sales types, les gens !

— Les livres que tout le monde admire sont ceux que personne ne lit.

— Faire la charité, c'est bien. La faire faire par les autres, c'est mieux. On oblige ainsi son prochain, sans se gêner soi-même.

— On n'insistera jamais assez sur les inconvénients que présente l'abus du cyanure de potassium dans l'alimentation des nouveau-nés.

— Je déteste la montagne, ça cache le paysage.

— Mieux vaut s'enfoncer dans la nuit qu'un clou dans la fesse gauche.

— Il faut vous dire qu'à la suite d'une chute de cheval, j'ai perdu tout sens moral...

— Il existe à Honfleur une place où naquirent, à quelques lustres de distance, le vaillant amiral Hamelin et celui qui écrit ces lignes. La postérité jugera.

JUGEMENTS DE QUELQUES COLLÈGUES

« Allais, celui qui ira. »

Alfred Jarry

« Enfin il faudrait souligner l'aspect Jules Verne d'Alphonse Allais. À force de prévoir le saugrenu, il a fini par tomber juste. »

Alexandre Vialatte

« Qui est frais ? Allais. »

Paul Verlaine

« Allais était un être délicieux, apparenté physiquement à Pierrot, de visage long, blême, mélancolique, qu'éclairait un regard rêveur et étonné. Il n'était pas adapté à la vie qui l'égratignait et le déchirait en passant, mais il convertissait son chagrin ou sa nostalgie en ondes oniriques, dont quelques-unes vibreront longtemps dans nos mémoires. »

Léon Daudet

« Alphonse Allais a su donner à la mauvaise plaisanterie une forme si virulente qu'elle dégoûta aussi bien les friands d'esprit fin que les amateurs d'épaisse rigolade. Après un pareil exploit, on comprend qu'il demeure un auteur toujours un peu maudit. C'est pourquoi il ne faut pas hésiter à commémorer sa mémoire, avec toute la dignité requise. »

Raymond Queneau

« Je regrette que ce genre de blagueur de génie ait à peu près disparu de la surface de Paris. Car ces gens-là n'étaient pas seulement drôles dans ce qu'ils écrivaient, mais dans leur comportement (par exemple, les déguisements qu'affectionnait Allais dans le train lorsqu'il commençait le voyage en colonel pour le terminer en vieille fille). »

Pierre Daninos

« Alphonse Allais est un esprit qui continue à briller dans les conversations des gens d'esprit. Les imbéciles le prennent pour un voyageur de commerce agréable… Ils ne savent pas qu'il avait dans ses valises mille bombes explosives à retardement. »

Marcel Achard

« Allais excelle à mettre en difficultés l'individu satisfait, ébloui de truismes et sûr de lui qu'il côtoie chaque jour dans la rue. »

André Breton

« On commence seulement à savoir que cet écrivain (qui ne voulait pas se prendre au sérieux), que ce journaliste (qui refusait les disciplines et les servitudes) a découvert la puissance explosive de l'humour. »

Philippe Soupault

« Alphonse Allais, un Démarque Twain. »

Pierre Veber

« Il fait penser à quelque Viking, et comme ses ancêtres sur leurs barques remontaient le cours de fleuves, il remontait le courant des préjugés. »

Maurice Donnay

« Ce qui surprend chez Allais, c'est qu'on n'aperçoit presque jamais le cheminement qui l'a fait arriver à une de ses trouvailles. Ses pensées ne s'enchaînent pas comme celles de tout le monde, selon un protocole banal. »

Tristan Bernard

« Il créait à chaque instant. »

Jules Renard

« Il aurait voulu être poète lyrique ! »

Gabriel de Lautrec

« Il régissait en maître absolu le royaume de l'absurde avec les lois de la raison, et, semblable à Spinoza, tenait pour réels tous les possibles. »

Paul Acker

« Homère est plus connu, mais Alphonse Allais est plus moderne. »

Jules Clarétie

« Quand il est rasé, c'est le sosie de Coquelin Cadet. Il en a le comique froid, le flegme britannique, il suit les jeunes filles afin d'embêter les mères. »

Félicien Champsaur

« L'humour d'Alphonse Allais était une affirmation rigoureuse, dont il est impossible de mettre en doute le sérieux. Et comme il est également impossible d'y croire, on se trouve dans une étrange position qui vous condamne à l'état de rire... Alphonse Allais choisissait une aventure de la vie moyenne, une aventure très simple, très courante, banale, une aventure pouvant arriver à n'importe qui, et, peu à peu, par développements d'une extraordinaire souplesse, par bons gracieux et accélérés, il lui faisait tout à coup quitter la réalité, comme un aéroplane quitte le sol. On était ainsi conduit, sans savoir par quels mystérieux chemins, à un autre plan de la vie, à une autre dimension. »

Alfred Capus

« Il y a chez Allais, outre le primesaut, l'ingéniosité, la négligence la plus diaboliquement habile, cette façon qu'ont les phrases de retomber sur leurs pieds, un très grand art de prosateur français, de romancier miraculeusement doué, mais qui trouve que les livres, c'est trop long, puisqu'on vous paie, d'ailleurs, à l'article. »

Michel Chrestien

« La Belle Époque a connu d'autres hommes d'esprit. Mais aucun d'eux n'a su garder un style aussi net, sans bavures, ni laisser à la postérité une œuvre et un visage aussi personnels : glacé, racé, imperturbable... »

Anatole Jakovsky

« Humour 1900… Alphonse Allais en est le grand-prêtre. Il est le maître incontesté. Il domine son époque de sa haute taille. »

Jean-Claude Carrière

« Grâce à lui, l'hydropathe, le fumiste et le chat noir ne sont pas des langues mortes, ils continuent de vivre dans son œuvre. »

Jean-Paul Lacroix

« Il est capable de remplir des lignes et des lignes d'une monotone grisaille pour que, juste à la fin, explose un gag particulièrement percutant. Il joue avec toutes les difficultés. Il escamote, triche, illusionne et mystifie, tant qu'il peut. Tant et plus. »

Anatole Jakovsky

« Sa vie n'a pas été heureuse. Peut-être, un jour – plus tard –, on la racontera. Sa femme était jolie, séduisante et fine. Elle lui donna une petite fille qu'il adora – et je l'ai vu, pendant des heures et des heures, penché sur son berceau, la regardant dormir. Il était, dans l'intimité, silencieux, réfléchi, parfois mélancolique et tendre avec une extrême pudeur – tout cela sans cependant jamais cesser d'être en un état constant d'humour, et n'abdiquant en aucune circonstance cette manière de s'exprimer qui n'était véritablement qu'à lui seul. C'était l'esprit le plus indépendant qui fût. Aucune considération ne pouvait intervenir entre le monde et lui. Il était libre, absolument. Sa situation d'écrivain était à peu près nulle. Il n'avait pas de passé, se savait sans avenir, vivait au jour le jour – ou, plus exactement, mourait au jour le jour ! –, ne désirait rien et pouvait hardiment plaisanter les travers de chacun sans qu'il eût à redouter qu'on lui rendît la pareille. Je dois ajouter qu'une délicatesse infinie le préservait de tout excès dans cette voie. Était-il donc invulnérable ? Non, et ses amis auraient pu le taquiner sur la boisson – car hélas ! il buvait. Mais tous ils savaient bien qu'il en mourrait un jour. Il n'en est pas mort tout à fait involontairement, car il lui restait pour toute fortune 17 francs ce jour-là. Je le sais bien, hélas ! puisqu'il m'a été donné d'entrer dans sa chambre une heure ou deux après sa mort. »

Sacha Guitry

« Écrivain du XIXe siècle, Alphonse Allais est, cent ans plus tard, le seul humoriste capable de faire éclater un ordinateur, de rire. »

François Caradec

***

Chaque année, à Honfleur, est remis le prix Alphonse Allais, par l'académie éponyme composée notamment d'Alain Casabona Grand Chancelier, Francis Perrin Garde du Sceau, Pierre Arnaud de Chassy-Poulay Haut-Parleur et Jacques Mailhot Camerlingue.

L'académie Alphonse Allais fut créée en 1954 à l'initiative d'Henri Jeanson. Le premier prix a été attribué à Eugène Ionesco. Parmi les lauréats, on note entre autres Raymond Devos, Nelly Kaplan, Claude Villers, André Gaillard et Philippe Geluck.

ALLAIS SIMPLE (chronologie)

1854 Naissance à Honfleur, Calvados, de Charles-Alphonse Allais, au 10 place de la Grande-Fontaine, aujourd'hui place Hamelin.

1855 Le bébé est heureux, il sait qu'il ne verra pas mourir ses parents. En effet, son père décédera en 1907 et sa mère en 1927, à l'âge de 97 ans.

1856 L'enfant demeure obstinément muet. Une de ses tantes pense qu'il pourrait bien être innocent.

1857 Le petit Alphonse reçoit un diminutif familial : Alphi.

1858 Naissance de son frère Paul-Émile.

1859	Enfance distraite et rêveuse.
1860	Il semble préférer les matières scientifiques aux matières littéraires. C'est une ruse.
1861	Naissance de sa sœur Marguerite.
1862 et suivantes	Son inertie désole ses professeurs. Il gave ses camarades de pâtes pectorales et transforme les suspensoirs en frondes.
1870	Reçu bachelier ès sciences, à Caen.
1871	Stagiaire à la pharmacie paternelle. Ses faux médicaments et ses conseils farfelus se révèlent peu du goût de son géniteur. À un monsieur chauve qui se plaignait d'un rhumatisme au genou : « Un peu de migraine sans doute… »
1872	Premier séjour à Paris.
1873	Élève à la pharmacie Vigier, boulevard Bonne-Nouvelle. L'acide tartrique et le bicarbonate de soude le rendent lyrique.
1874	Découverte de la vie parisienne.
1875	Volontariat militaire au 119e de ligne, à Lisieux. Grâce à ses connaissances médicales et pharmaceutiques, il simule tous les malaises et toutes les maladies et passe le plus clair de son temps à l'infirmerie. De cette époque, sans doute, date une franche tendance à l'hypocondrie. Collaboration au *Tintamarre*.
1876	Première inscription à l'École de pharmacie. Il travaille à la pharmacie Jacob, rue Turbigo.

1877 Premier numéro de *Les Écoles, journal des étudiants*.

1878 Domicilié au 3 place de la Sorbonne. Émile Goudeau fonde le club des Hydropathes.

1879 Fréquentes visites au laboratoire de Charles Cros.

1880 Le 28 janvier, il a l'honneur du frontispice de *L'Hydropathe*. On y annonce à paraître prochainement, et jamais paru, un recueil où sont rassemblées « six nouvelles fumistes ».

1881 Ouverture du cabaret Le Chat noir, au 84 boulevard Rochechouart.

1882 Réunion des Hirsutes, café de l'Avenir, place Saint-Michel.

1883 Période militaire au 119e régiment d'Infanterie, à Lisieux.

1884 Il devient secrétaire de rédaction du *Chat noir.*

1885 Collaboration au *Courrier français.*

1886 Il prend comme tête de Turc le critique Francisque Sarcey.

1887 Publication chez Ollendorf de son premier livre, une plaquette intitulée *La Nuit blanche d'un hussard rouge*, illustrée par Caran d'Ache.

1888 Hommage à Charles Cros dans *Le Chat noir.*

1889 Début d'une idylle avec Jane Avril, danseuse au Moulin-Rouge.

1890 Voyage en Angleterre.

1891 Collaboration au *Gil Blas illustré*.

1892 Le deuxième volume des « Œuvres anthumes », *Vive la vie !*, paraît chez Flammarion.

1893 Il remplace Rodolphe Salis à la direction du *Chat noir*.

1894 Voyage aux États-Unis et au Canada.

1895 Mariage avec Marguerite-Marie Gouzée, née à Givet dans les Ardennes. Elle a 26 ans et ils partent en voyage de noces à Venise.

1896 Admission à la Société des Gens de Lettres.

1897 *L'Album primo-avrilesque*, qui réunit ses planches « monochroïdales », paraît chez Ollendorf pour le 1er avril.

1898 Naissance de sa fille Paulette.

1899 Publication aux éditions de la Revue Blanche de *Pour cause de fin de bail* et *L'Affaire Blaireau*.

1900 Il est définitivement libéré du service militaire. Séjour à Tamaris, près de Toulon.

1901 Il signe avec Jarry, Zola, Fénéon et bien d'autres la lettre de protestation contre la condamnation de l'écrivain anarchiste Laurent Tailhade.

1902 Publication chez Juven de *Le Captain Cap. Ses aventures, ses idées, ses breuvages.*

1903 *Congé amiable*, une pièce en un acte écrite en collaboration avec Tristan Bernard, est jouée au théâtre de la Renaissance.

1904 Mort de sa sœur Marguerite, chez ses parents, rue du Neubourg, à Honfleur.

1905 Le 28 octobre, Alphonse Allais meurt d'une embolie à l'hôtel Britannia, 24 rue d'Amsterdam, à 9 h 15 du matin. Inhumation au cimetière de Saint-Ouen.

ÉLÉMENTS DE BIBLIOGRAPHIE

On s'aperçoit ici que l'œuvre d'A. A. n'a jamais cessé d'être éditée et rééditée. La comète Allais est indéfiniment de retour, contrairement à l'astre de l'astronome anglais qui ne repasse que tous les soixante-seize ans environ.

Textes anthumes

1887 : *La Nuit blanche d'un hussard rouge*, Ollendorf
1888 : *Une idée lumineuse*, Ollendorf
1889 : *Un mécontent*, Ollendorf
1890 : *Le Pauvre Bougre et le Bon Génie*, Ollendorf
1891 : *À se tordre* – Choix de 45 contes, Ollendorf
1892 : *Vive la vie !* – Choix de 29 contes, Flammarion
1893 : *Pas de bile !* – Choix de 39 contes, Flammarion

1893 : *Le Parapluie de l'escouade* – 39 contes, Ollendorf
1894 : *Rose et vert pomme* – 44 contes, Ollendorf
1895 : *Deux et deux font cinq* (2 + 2 = 5), Ollendorf
1896 : *On n'est pas des bœufs* – 45 contes, Ollendorf
1897 : *L'Arroseur* – 26 contes, Juven
1897 : *Le Bec en l'air* – 51 contes, Ollendorf
1897 : *Album primo-avrilesque,* Ollendorf
1898 : *Amours, délices et orgues* – 47 contes, Ollendorf
1899 : *Silvérie ou les Fonds hollandais,* en collaboration avec Tristan Bernard, Flammarion
1899 : *Pour cause de fin de bail* – 52 contes, La Revue Blanche
1899 : *L'Affaire Blaireau,* La Revue Blanche
1900 : *Ne nous frappons pas* – 58 contes, La Revue Blanche
1900 : *En ribouldinguant* – 36 contes, Ollendorf
1902 : *Le Captain Cap. Ses aventures, ses idées, ses breuvages,* Juven
1904 : *Monsieur la pudeur,* Librairie Théâtrale.

Publications posthumes

1907 : *Dans la peau d'un autre,* Juven
1912 : *Le Boomerang, ou Rien n'est mal qui finit bien,* Juven
1921 : *À l'œil* – 41 contes
1934 : *À se tordre*
1947 : *La Vie drôle* – Préface de Sacha Guitry
1947 : *Les Templiers* – 44 contes
1952 : *Littoralement* – 38 contes
1954 : *Les Zèbres* – 48 contes
1954 : *Les 55 Contes d'Alphonse Allais*

1955 : *Autour du Chat noir* – 40 contes
1955 : *Avec le sourire* – 47 contes
1957 : *Loufoc-House*

Tout Allais, La Table Ronde, 1964-1970. Onze tomes, trois anthumes et huit posthumes, publiés sous la direction de François Caradec, rassemblent la totalité des inédits connus, réunis ou non en recueil avant cette date, soit 1 887 contes et chroniques, romans et pièces de théâtre.

La logique mène à tout, 150 contes choisis par François Caradec, Pierre Horay, 1976

Lettre inédite à Charles Cros, Éditions du Fourneau, 1987

Œuvres anthumes (1891-1902), « Bouquins », Robert Laffont, 1989

Œuvres posthumes (1877-1905), « Bouquins », Robert Laffont, 1990

Cher Monsieur vous-même, correspondance 1875-1905, préface et notes de François Caradec, Fayard, 1999

Par les bois du Djinn, poésies complètes, Fayard, 1997, préfacé et présenté par François Caradec, « Poésie », Gallimard, 2005

Sur Alphonse Allais et anthologies

Alphonse Allais. Souvenirs d'enfance et de jeunesse, Jeanne Leroy-Allais, Flammarion, 1913

Alphonse Allais, le tueur à gags, Anatole Jakovsky, Les Quatre Jeudis, 1955

Anthologie de l'humour noir, André Breton, Jean-Jacques Pauvert, 1966

Alphonse Allais en verve, Alphonse Allais, présentation et choix de François Caradec, Pierre Horay, 1970, rééd. 2004

Allais France, Jean-Paul Lacroix, Candeau, 1978

Les Pensées, Alphonse Allais, recueillies par Robert Chouard, Le Cherche Midi, 1987

Les Poètes du Chat noir, présentation et choix d'André Velter, « Poésie », Gallimard, 1996

Alphonse Allais, François Caradec, biographie, Belfond

Pour tout l'or des mots, Claude Gagnière, coll. « Bouquins », Robert Laffont, 1997

Allais... simple, Alphonse Allais, ses meilleurs contes choisis par l'académie Alphonse Allais, L'Archipel, 2002

Le Génie du pote Allais, Alphonse Allais, textes choisis et présentés par Jean-Yves Loriot, Pierann, 2003

Nouveaux Trucs et Machins, Michel Laclos, Zulma, 2004

Album primo-avrilesque, Alphonse Allais, Al Dante, 2005

TABLE

Cet ouvrage a été composé
par Atlant'Communication
aux Sables-d'Olonne (Vendée)

Impression réalisée sur les presses de
l'imprimerie France Quercy à Mercuès
en octobre 2006

pour le compte des Éditions Écriture
département éditorial
de la S.A.R.L. Écriture-Communication

Imprimé en France
N° d'édition : 164 – N° d'impression : 62591/
Dépôt légal : décembre 2005